OEUVRES

DE POTHIER.

TABLE DE CONCORDANCE.

OEUVRES

DE POTHIER.

NOUVELLE ÉDITION,

ORNÉE DU PORTRAIT DE L'AUTEUR,

PUBLIÉE

PAR M. SIFFREIN.

TABLE DE CONCORDANCE,

ENTRE LES ARTICLES DU CODE CIVIL ET LES PASSAGES DE POTHIER
QUI SE RAPPORTENT A CHACUN DE CES ARTICLES.

PAR PINEL-GRANDCHAMP ET MARIE-SAINT-GEORGES,

Docteurs en Droit, Avocats à la Cour royale de Paris.

A PARIS,

CHEZ VIDECOQ, LIBRAIRE,

PLACE SAINTE-GENEVIÈVE, Nº 6.

DE L'IMPRIMERIE D'AUGUSTE BOBÉE,
RUE DE LA TABLETTERIE, Nº 9.

M. DCCCXXIV.

PRÉFACE.

Il seroit superflu de faire ici l'éloge d'un auteur dont les traités ont servi de base à nos lois nouvelles, et dont les opinions se trouvent chaque jour consacrées par la jurisprudence. L'empressement avec lequel le public accueille les nouvelles éditions de Pothier, le nombre immense de bibliothèques où elles se trouvent placées, prouvent assez combien la connoissance approfondie de cet auteur est indispensable pour tous ceux qui se livrent à l'étude du Droit.

Cependant il manquait à ces éditions un complément dont le besoin se faisoit vivement sentir. Le praticien le plus exercé et quelquefois même le jurisconsulte le plus érudit, étoient forcés d'interrompre leurs travaux pour rechercher dans vingt ou trente volumes les différens passages de Pothier qui se rattachent cipes qui ont survécu à la jurisprudence sous laquelle il écrivoit; nous avons plusieurs fois revu et vérifié nos notes, et nous osons espérer que le public éclairé, auquel nous soumettons le résultat de nos travaux, nous tiendra compte de nos efforts et accueillera un ouvrage que nous croyons de quelqu'utilité.

P. G.

TABLE
DE CONCORDANCE

DES

ŒUVRES DE POTHIER

AVEC LE CODE CIVIL.

ABRÉVIATIONS. { *in princ.* pour *in principio.*
in med.   *in medio.*
in f.   *in fine.*
La lettre n. devant un chiffre signifie le numéro du traité.
La lettre p. la page, pour les traités qui ne sont pas nu-
mérotés.
art. pour article de la coutume d'Orléans. }

Articles du Code civil.	Traités de Pothier.	Numéro ou Page du Traité.	Observations.
3	Cout. d'Orléans, introduct. génér. aux cout.	n. 7	— On aperçoit le change-ment à faire pour appliquer notre article.
10	Des personnes et des choses.	p. 390	
id.	Cout. d'Orléans, introd. génér. aux coutumes.	n. 34	
16	Des personnes et des choses.	p. 396	
17	id.	p. 406	
18	id.	p. 406	— Il faut remarquer que le code exige l'autorisation du Roi.
20	id.	p. 406 *in f.*	

Articles du Code civil.	Traités de Pothier.	Numéro ou Page du Traité.	Observations.
22	*id.*	p. 419	
23	*id.*	p. 419	
id.	Cout. d'Orléans, introd. génér. aux coutumes.	n. 30	
25	Cout. d'Orléans, introd. au titre XVI.	n. 35 n. 39	
id. alin. 3.	Donations testamentaires.	p. 104	
id.	Cout. d'Orléans, introd. au titre XV.	n. 9	
id. alin. 7.	Contrat de mariage.	n. 433	— Voyez le n. 434, pour le condamné par contumace qui se marie dans les cinq ans.
26	Successions.	p. 333	— Pothier fait courir la mort civile du jour du jugement, mais le code ne la fait courir que du jour de l'exécution.
28	Cout. d'Orléans, introd. génér. aux coutumes.	n. 32	
29	Des personnes et des choses.	p. 420	
id.	Cout. d'Orléans, introd. génér. aux coutumes.	n. 32	
31	Douaire.	n. 248	
id.	Des personnes et des choses.	p. 420	
id.	Cout. d'Orléans, introd. génér. aux coutumes.	n. 32	— On remarquera ci quelques différences.

Articles du Code civil.	Traités de Pothier.	Numéro ou Page du Traité.	Observations.
32	Cout. d'Orléans, introd. génér. aux coutumes.	n. 32 *inf.*	
68	Contr. de mariage.	n. 368	— On remarquera dans Pothier, tant pour les publications de mariage que pour la célébration, toutes les différences qui proviennent de ce que la tenue des registres de l'état civil a été enlevée aux curés.
75	*id.*	n. 374 et suiv.	— Au mot curé substituez l'officier de l'état civil.
102	Cout. d'Orléans, introd. génér. aux coutumes.	n. 8	— Commentaire n. 9.
103	*id.*	n. 14	
106	*id.*	n. 15	
107	*id.*	n. 15	
108	Contr. de mariage.	n. 403	
id.	Cout. d'Orléans, introd. génér. aux coutumes.	n. 10 n. 11 n. 12 n. 18	— L'application du statut personnel se fera non plus sur les coutumes, puisque le droit est uniforme, mais sur la législation des diverses nations.
120	Successions.	p. 478 p. 479	
id.	Cout. d'Orléans, introd. au titre XVII.	n. 37	
129	Successions.	p. 329 *inf.*	— Présomption de la vie de l'homme.

1 *

Articles du Code civil.	Traités de Pothier.	Numéro ou Page du Traité.	Observations.
131	Successions.	p. 479	
137	De la propriété.		— Voyez n. 365, de la pétition d'hérédité. n. 366 et suivans, qui peut intenter l'action en pétition d'hérédité.
			— n. 370 et suivans; contre qui peut être intentée la pétition d'hérédité.
			— n. 399 et suivans, quelles sont les choses que le possesseur doit restituer au demandeur qui a obtenu en son action de pétition d'hérédité?
			— n. 416 et suiv., des prestations personnelles dont est tenu le possesseur sur la demande en pétition d'hérédité.
			— n. 422 et suivans; de la différence entre le possesseur de bonne foi et le possesseur de mauvaise foi, à l'égard des prestations personnelles.
			— n. 438 et suiv., des prestations auxquelles est tenu le demandeur envers le possesseur qui doit lui rendre les biens de la succession.
		n. 283	— Différence entre l'action en pétition d'hérédité et l'action en revendication.
138	*id.*	n. 395	— Quand les possesseurs d'une hérédité sont-ils de bonne foi, et quand sont-ils de mauvaise foi?

Articles du Code civil.	Traités de Pothier.	Numéro ou Page du Traité.	Observations.
		n. 396	—Voyez n. 406 et suivans ; de la différence entre le possesseur de bonne foi et celui de mauvaise foi , par rapport aux choses qu'ils ont cessé ou manqué de posséder.
		n. 397	
144	Contr. de mariage.	n. 94	— L'âge seul est changé.
146	id.	n. 307	— Dans les numéros suiv., Pothier détaille toutes les conditions qui sont indispensables pour la validité du consentement. — Distinction entre l'erreur sur la personne , et l'erreur sur la qualité de la personne.
147	id.	n. 99	—Observations générales et historiques.
148	id.	n. 321	—Il n'y a que le principe de nécessité du consentement qui soit établi ici ; Pothier offre d'ailleurs des différences notables avec notre code , sur toute cette partie. Cependant la présomption de séduction à l'égard des mineurs mariés sans consentement , subsiste encore aujourd'hui.
		n. 322	
		n. 326	
		n. 389 *in f.*	
id.	Des personnes et des choses.	p. 432	— Différence dans l'âge.
151	Contr. de mariage.	n. 337 et suivans.	— La peine d'exhérédation attachée à l'inexécution des formalités n'existe plus.
152.	Des personnes et des choses.	p. 431	— Différence dans l'âge.

Articles du Code civil.	Traités de Pothier.	Numéro ou Page du Traité.	Observations.
161	Contr. de mariage.	n. 132	
		n. 133	
162	*id.*	n. 134	
		n. 135	
163	*id.*	n. 134	
180	*id.*	n. 444	
182	*id.*	n. 446	
id.	Des personnes et des choses.	p. 433	
183	Contr. de mariage.	n. 446	
id.	Des personnes et des choses.	p. 433	
184	Contr. de mariage.	n. 444	
		n. 451	
185 1°	*id.*	n. 94	— Changement relativement à l'âge.
id. 2°	*id.*	n. 95	— Le principe seulement est dans Pothier. Le code a fixé le délai.
187	*id.*	n. 448	
189	*id.*	n. 107	
201	*id.*	n. 104	
		n. 437	
		n. 438	
id.	Introduction à la communauté.	n. 17	
	Communauté.	n. 20	
id.	Successions.	p. 340	— Voyez page 347, si un mariage putatif déclaré nul profite aux enfans légitimés par ce mariage.

Articles du Code civil.	Traités de Pothier.	Numéro ou Page du Traité.	Observations.
202	Contr. de mariage.	n. 439	— Pothier examine la question de savoir, si le mariage contracté de bonne foi peut légitimer les enfans. n. 441.
		n. 440	
id.	Successions.	p. 341	
		p. 344	
203	Contr. de mariage.	n. 384	— La fin de ce numéro indique un cas dans lequel les père et mère ne pourroient pas forcer leurs enfans à venir prendre chez eux la nourriture qu'ils leur doivent ; cela reçoit son application à notre art. 211.
205	id.	n. 390	
		n. 393	
id.	Des personnes et des choses.	p. 433	— Pothier pense que les enfans sont tenus solidairement.
205	Cout. d'Orléans, introd. génér. aux coutumes.	n. 117	
207	Contr. de mariage.	n. 585	
		n. 586	
		n. 587	
208	id.	n. 392	
210	id.	n. 391	
212	id.	n. 379	
214	id.	n. 380	— Voyez n. 381, l'action qui naît de l'obligation du mari.
		n. 382	— Voyez n. 383, l'action qui naît de l'obligation de la femme.

Articles du Code civil.	Traités de Pothier.	Numéro ou Page du Traité.	Observations.
id.	De la puissance du mari.	n. 1	
id.	Cout. d'Orléans, introd. au titre X.	n. 143	— La femme n'est pas obligée de suivre son mari en pays étranger.
215	De la puissance du mari.	n. 55	
		n. 61	
		n. 62	
		n. 75	
id.	Cout. d'Orléans, introd. au titre X.	n. 14	
id.	Cout. d'Orléans, titre X.	art. 201	
216	De la puissance du mari.	n. 63	
id.	Cout. d'Orléans, titre X.	art. 200	
217	De la puissance du mari.	n. 2	— Voyez n. 3, ce que c'est que l'autorisation du mari dont la femme a besoin, et sur quoi elle est fondée. —n. 7, quand la femme commence à avoir besoin d'autorisation.
		n. 15	
		n. 33	— La nullité regardée par Pothier comme absolue, n'est plus que relative dans notre code. — Voyez n. 71, à quelle époque l'autorisation du mari doit être interposée
id.	De la propriété.	n. 7, alinéa 5.	

Articles du Code civil.	Traités de Pothier.	Numéro ou Page du Traité.	Observations.
218	De la puissance du mari.	n. 57 n. 59	
id.	Cout. d'Orléans, titre X.	art. 201	
219	De la puissance du mari.	n. 12	
220	id.	n. 20 n. 21 n. 22	
id.	Communauté.	n. 255	
id.	Cout. d'Orléans, titre X.	art. 196 art. 197	
222	De la puissance du mari.	n. 25 n. 26 n. 27	— Notre article paroît plus général que l'opinion de Pothier dans le n. 27.
223	id.	n. 67	— Quant aux formes de l'autorisation, Pothier est plus strict que le code.
id.	Introduction à la communauté.	n. 5	
226	De la puissance du mari.	n. 43	
227 1°	Contr. de mariage.	n. 448	
228	id.	n. 528	
		n. 530	— Dans ce n. 530, nous ne prenons que la partie du Droit romain conforme à notre Droit, et l'exception

Articles du Code civil.	Traités de Pothier.	Numéro ou Page du Traité.	Observations.
			du délai qui n'est chez nous que de dix mois.
229	Contr. de mariage.	n. 525	
231	id.	n. 508	
		n. 509	
		n. 510	
		n. 511	
		n. 512	
234	id.	n. 518	
236	id.	id.	
268	id.	id.	
272	id.	n. 520	
298	id.	n. 231	
306	id.	n. 508	
		n. 509	
		n. 510	
		n. 511	
		n. 512	— Dans les numéros suivans, Pothier présente des cas dans lesquels la séparation d'habitation ne pourroit être prononcée.
		n 525	
307	id.	n. 517	
		n. 518	
311	id.	n. 522	
331	id.	n. 410	— Le droit canonique adopté par Pothier ne parle pas de la nécessité de la reconnoissance. = Pothier, n. 422, demande une re-
		n. 411	
		n. 412	

Articles du Code civil.	Traités de Pothier.	Numéro ou Page du Traité.	Observations
			connoissance quelconque. — Voyez n. 418 et suivans, quels mariages pourroient légitimer.
id.	Successions.	p. 345	
		p. 346	— Voyez page 347, quel mariage peut purger le vice d'une conjonction illégitime.
332	Contr. de mariage.	n. 413	
id.	Successions.	p. 349 *in f.*	
333	Contr. de mariage.	n. 424, alin. 2.	
id.	Successions.	p. 348	
348	Contr. de mariage.	n. 171.	→ Ce que dit Pothier, d'après le Droit romain, ne seroit pas applicable sous la législation du code où l'émancipation ne détruit pas l'effet de l'adoption comme à Rome ; nous ne voulons qu'indiquer le principe.
371	*id.*	n. 389	
372	*id.*	*id.*	
id.	Des personnes et des choses.	p. 431	
372	Cout. d'Orléans, introd. au titre IX.	n. 2 *in f.*	
373	Des personnes et des choses.	p. 431	
380	*id.*	p. 430	

Articles du Code civil.	Traités de Pothier.	Numéro ou Page du Traité.	Observations.
381	Des personnes et des choses.	p. 431	
393	id.	p. 458	
405	id.	p. 437	
id.	Cout. d'Orléans, introd. au titre IX.	n. 10 n. 11	
406	Des personnes et des choses.	p. 437	
407	id.	id.	
409	id.	id.	
417	Cout. d'Orléans, introd. au titre IX.	n. 12	
427	Des personnes et des choses.	p. 439	
428	id.	id.	
id.	Cout. d'Orléans, introd. au titre IX.	n. 14	
429	id.	id.	
431	id.	p. 440	
433	id.	id.	
434	id.	id.	
436	id.	id.	
450	De la propriété.	n. 7, alin. 3. n. 256 n. 259 n. 266	
id.	Des personnes et des choses.	p. 441	
451	id.	p. 446	

Articles du Code civil.	Traités de Pothier.	Numéro ou Page du Traité.	Observations.
452	De la propriété.	n. 222	
id.	Des personnes et des choses.	p. 446	
454	id.	p. 450	
456	id.	p. 448	
id.	Cout. d'Orléans, introd. au titre IX.	n. 20	— On remarquera une légère différence avec notre article.
457	Obligations.	n. 76	
id.	Cout. d'Orléans, introd. au titre IX.	n. 16	
id.	Cout. d'Orléans, intr. au titre XV.	n. 6	
id.	Contrat de vente.	n. 14	— On aperçoit facilement la différence de l'ancien Droit avec notre code, relativement aux formalités à observer pour l'aliénation des biens des mineurs.
459	Cout. d'Orléans, introd. au titre IX.	n. 16	
461	Successions.	p. 526	
468	Des personnes et des choses.	p. 442	
469	id.	p. 452	
id.	Cout. d'Orléans, introd. au titre IX.	n. 17 u. 18	
471	Des personnes et des choses.	p. 454	
472	id.	p. 452	
474	id.	p. 455	
482	id.	p. 457	
484	Cout. d'Orléans, titre IX.	art. 181 art. 182	

Articles du Code civil.	Traités de Pothier.	Numéro ou Page du Traité.	Observations.
503	Obligations.	n. 51	— Pothier fait ici une distinction fort utile entre l'interdit et le prodigue.
509	De la propriété.	n. 7, alinéa 4.	— D'après le code, l'interdit reçoit un tuteur.
516	Des personnes et des choses.	p. 472	
518	Communauté.	n. 32	
		n. 33	
		n. 34	
id.	Des personnes et des choses.	p. 472	
id.	Cout. d'Orléans, introd. générale aux coutumes.	n. 47	
519	Communauté.	n. 36	
		n. 37	— Ces mots *faisant partie du bâtiment* rendent applicable à notre législation la distinction de Pothier.
id.	Des personnes et des choses.	p. 473	
id.	Cout. d'Orléans, introd. générale aux coutumes.	n. 47	
id.	Cout. d'Orléans, titre XVII.	art. 352	
520	Communauté.	n. 45	
id.	Des personnes et des choses.	p. 475	
id.	Cout. d'Orléans, titre X.	art. 207	
id.	Cout. d'Orléans, titre XVII.	art. 354	

Articles du Code civil.	Traités de Pothier.	Numéro ou Page du Traité.	Observations.
524	Communauté.	n. 35	
		n. 40	— Ces mots de notre article, *placés par le propriétaire*, rendent admissible la distinction établie par Pothier.
		n. 41	— Raison de considérer comme immeubles, les animaux dont il est ici question.
		n. 43	
		n. 44	
		n. 63	
id.	Des personnes et des choses.	p. 474	
d.	Cout. d'Orléans, introd. générale aux coutumes.	n. 47	— Le numéro de Pothier présente une différence avec notre article, au moins quant aux bestiaux et ustensiles aratoires.
id.	Cout. d'Orléans, titre XVII.	art. 355	
525	Communauté.	n. 48	— Voyez aussi n. 57 et suivans.
		n. 49	
		n. 54	
		n. 55	
		n. 56	
id.	Des personnes et des choses.	p. 476 p. 477	
id.	Cout. d'Orléans, titre XVII.	art. 356	
526	Communauté.	n. 67	
		n. 69	

Articles du Code civil.	Traités de Pothier.	Numéro ou Page du Traité.	Observations.
		n. 73	
		n. 74	
id.	Des personnes et des choses.	p. 478	
		p. 479	— Développemens sur ce que l'on doit entendre par action mobilière ou immobilière.
id.	Cout. d'Orléans, introd. générale aux coutumes.	n. 49	
528	Communauté.	n. 28	
		n. 29	
id.	Des personnes et des choses.	n. 472	
id.	Cout. d'Orléans, introd. générale aux coutumes.	n. 46	
529	Communauté.	n. 69	
		n. 70	
		n. 71	
		n. 73	
		n. 74	
		n. 75	
		n. 76	
id.	Cout. d'Orléans, introd. générale aux coutumes.	n. 50	
531	Communauté.	n. 36	
id.	Des personnes et des choses.	p. 473	

Articles du Code civil.	Traités de Pothier.	Numéro ou Page du Traité.	Observations.
id.	Cout. d'Orléans, titre XVII.	art. 352	
537	De la propriété.	n. 274	— Exception au principe de l'article 537.
539	*id.*	n. 22	
544	*id.*	n. 4	— Étendue du droit de propriété. Voyez n. 8, l'imperfection de ce droit.
		n. 5	
		n. 6	
		n. 13	— Commentaire de notre article.
		n. 14	
id.	Cout. d'Orléans, introd. génér. aux coutumes.	n. 100	
545	Contrat de vente.	n. 512	
546	De la propriété.	n. 150	— Voyez des développemens n. 151. — n. 260, exception au principe que la volonté est nécessaire pour acquérir le domaine de propriété.
id.	Cout. d'Orléans, introd. génér. aux coutumes.	n. 100	
547	De la propriété.	n. 152	
548	*id.*	n. 151	— Application du principe par des exemples.
549	De la possession.	n. 82	— Voyez n. 83, les droits qui naissent de la possession.
id.	De la propriété.		— Voyez n. 155, exception au principe que le propriétaire acquiert par droit d'accession les fruits qui naissent de la chose.

Articles du Code civil.	Traités de Pothier.	Numéro ou Page du Traité.	Observations.
id.	*id.*	n. 334	—Chose à l'égard desquelles il y a lieu à la restitution des fruits.
			— Voyez n. 335 et 336, quelle est l'obligation du possesseur de mauvaise foi.
			— n. 337, différence entre le possesseur de mauvaise foi et le possesseur de mauvaise foi, relativement aux fruits perçus.
			— n. 338, 339, commentaire de l'article 549 d'après le Droit romain.
		n. 340	
		n. 341	— Le code semble différer du Droit romain, relativement à la restitution des fruits que doit faire le possesseur de bonne.
id.	Cout. d'Orléans, introd. générale aux coutumes.	n. 107	
553	De la propriété.	n. 177 *in princ.*	
554	*id.*	n. 170 *in med.*	
		n. 178 *in f.*	
555	*id.*	n. 170	
		n. 171	
		n. 346	
		n. 347	
556	*id.*	n. 157	

Articles du Code civil.	Traités de Pothier.	Numéro ou Page du Traité.	Observations.
559	De la propriété.	n. 158	
560	id.	n. 162	— Différence entre le Droit romain et le Droit français.
561	id.	n. 164	
562	id.	n. 162	— Opinion des jurisconsultes romains.
564	id.	n. 166	— Explication de ce genre d'accession.
		n. 167	
		n. 168	
		n. 279	
566	id.	n. 169	
567	id.	n. 170	
		n. 174	
568	id.	n. 177, alinéa 2.	
569	id.	n. 174, 3e règle.	
570	id.	n. 181	— Voyez aux numéros suivans, les diverses opinions qui partageoient, à Rome, les deux écoles de jurisconsultes; et l'opinion adoptée par Justinien. On remarquera que le code civil a donné plus d'étendue au principe de Justinien, qui avoit mis fin aux disputes.
573	id.	n. 175, 4e règle.	
		n. 190	
		n. 191	— Distinction entre le cas où le mélange s'est fait for-

2 *

Articles du Code civil.	Traités de Pothier.	Numéro ou Page du Traité.	Observations.
			tuitement, et celui où il s'est fait du consentement du propriétaire.
574	De la propriété.	n. 192	
578	Douaire.	n. 215	— Ce numéro se rapporte principalement à ces mots de notre article, *à la charge d'en conserver la substance*; Pothier développe l'étendue de cette obligation, n. 216, 217 et suiv.
579	Contrat de vente.	n. 548	
582	Douaire.	n. 194	— Pothier, en traitant de l'usufruit douairier, traite aussi de l'usufruit proprement dit.
id.	De la propriété.	n. 153	— Exception au principe, que le propriétaire acquiert par droit d'accession les fruits qui naissent de sa chose.
583	Communauté.	n. 205	
id.	Douaire.	n. 196	
		n. 199	
584	Communauté.	n. 205	
		n. 206	
		n. 207	
		n. 221	
id.	Douaire.	n. 204	
585	Communauté.	n. 206 et suivans.	
586	id.	n. 219	— Notre code a fait disparaître la différence établie par Pothier, entre les baux à ferme et les baux à loyer.

Articles du Code civil.	Traités de Pothier.	Numéro ou Page du Traité.	Observations.
id.	Douaire.	n. 206	— Le code n'admet point la distinction émise par Pothier au n. 205 , relativement aux loyers des fermes.
590	*id.*	n. 198	— Différence des taillis et des futaies.
592	*id.*	*id.*	— Le code ne reproduit pas ce que dit Pothier sur la faculté qu'a l'usufruitier d'user pour son chauffage, des arbres de haute futaie abattus par le vent.
593	*id.*	*id.*	
594	*id.*	n. 212 *in med.*	— Notre code va plus loin que la loi romaine citée par Pothier ; il ne distingue pas entre le cas où une quantité d'arbres est arrachée , et celui où il n'y en a qu'un seul. L'équité est conforme à la décision de la loi romaine.
595	Contrat de vente.	n. 549	
		n. 550	
id.	Contrat de louage.	n. 43	
id.	Douaire.	n. 195	— Le Droit est ici pour l'exercice du droit , car ce droit ne peut se céder.
598	*id.*	n. 197	
599	De la propriété.	n. 12	
601	Douaire.	n. 212	— Pothier cite ici la loi 1. § 3. ff. *ususfr. quemadm. cav.* , dans laquelle on définit çe que c'est que *jouir en bon père de famille.* Voy. développemens n. 213 , 214.
		n. 222	

Articles du Codecivil.	Traités de Pothier.	Numéro ou Page du Traité.	Observations.
605	Douaire.	n. 238	— Dans ce numéro Pothier examine la question de savoir : si l'usufruitier pourroit se décharger de l'obligation d'entretenir les biens qu'il tient en usufruit, en offrant l'abandon de l'usufruit ?
			— Voyez n. 240, si l'usufruitier est tenu des réparations nécessaires, lors de l'usufruit, ou s'il peut obliger l'héritier à les faire?
			— n. 247, si le propriétaire peut être forcé de faire les grosses réparations?
			— n. 241 et suivans, quelles sont les obligations du propropriétaire.
606	Communauté.	n. 272	
608	Douaire.	n. 231	—Il est inutile d'entrer dans les détails que Pothier présente sur les contributions qui tenoient au régime féodal.
617	id.	n. 248	
		n. 250	— L'usufruit se perd aussi par le mauvais usage.
			— n. 251, 252, Pothier indique ce qui constitue le non usage. Voyez à cet égard plusieurs questions.
		n. 255	— Extinction par la consolidation. Pourquoi ? *Quid*, si l'acquisition produisant consolidation est par la suite déclarée nulle ?
		n. 256	— Extinction de la chose.

Articles du Code civil.	Traités de Pothier.	Numéro ou Page du Traité.	Observations.
			Quid ? si la chose n'a fait que changer de forme.
618	Douaire.	n. 214	
634	Douaire, appendice.	n. 18	
637	Cout. d'Orléans, introd. au titre XIII.	n. 2	— Les numéros suivans développent la définition du code.
640	Contrat de société.	n. 236	
		n. 237	
646	id.	n. 231	— Pothier donne de longs développemens sur les obligations du voisinage, n. 32 et suivans.
653	Cout. d'Orléans, titre XIII.	art. 234	
654	Contrat de société.	n. 205	
id.	Cout. d'Orléans, titre XIII.	art. 241	
655	Contrat de société.	n. 220	
		n. 222	
id.	Cout. d'Orléans, titre XIII.	art. 234.	
656	Contrat de société.	n. 221	
657	id.	n. 207	
id.	Cout. d'Orléans, titre XIII.	art. 232	
658	Contrat de société.	n. 212	
		n. 213	
659	id.	n. 212	
		n. 215	

Articles du Code civil.	Traités de Pothier.	Numéro ou Page du Traité.	Observations.
660	Contr. de société.	n. 217	
661	id.	n. 247	
		n. 250	
id.	Cout. d'Orléans, titre XIII.	art. 235	
		art. 237	
663	id.	art. 236	
667	Contr. de société.	n. 224	
668	Cout. d'Orléans, titre XIII.	art. 252	
669	Contr. de société.	n. 226	
671	id.	n. 242	— La distance est différente.
672	id.	n. 243	
674	id.	n. 211	
id.	Cout. d'Orléans, titre XIII.	art. 243	
675	id.	art. 231	
676	id.	art. 229	— Voyez article 230 de la coutume, ce que c'est que Verre donnant.
682	Contrat de vente.	n. 515	
686	Cout. d'Orléans, introd. au titre XIII.	n. 5	
690	id.	n. 10	—Enumération des titres qui peuvent servir de base à la prescription.
692	Cout. d'Orléans, titre XIII.	art. 228	
693	id.	id.	— Ce seroit une question aujourd'hui, si la preuve exigée par le code doit être par écrit comme sous la coutume d'Orléans.

Articles du Code civil.	Traités de Pothier.	Numéro ou Page du Traité.	Successions.
701	De la propriété.	n. 12, alinéa 2.	— Application du principe par des exemples.
id.	Cout. d'Orléans, introd. au titre XIII.	n. 7	
703	id.	n. 13	
704	id.	n. 13	
705	id.	n. 14	— S'il n'y a confusion que pour une partie, la servitude continue de frapper ce qui n'est pas confondu. — V. n. 15 et 16, extinction de la servitude par la résolution du droit du constituant, 2° par la remise du propriétaire dominant.
706	id.	n. 17	
id.	Cout. d'Orléans, titre XIII.	art. 226	
707	Cout. d'Orléans, introd. au titre XIII.	n. 18 n. 19 n. 20	— Développemens de la différence indiquée par le code entre les servitudes continues et discontinues. — Indication des faits contraires à la servitude et qui en déterminent la prescription.
710	Cout. d'Orléans, titre XIII.	art. 226	
712	De la propriété.	n. 253 n. 276	
716	id.	n. 64 n. 65 n. 66	— Explication des mots, *par le pur effet du hasard.* — Explication des mots, *sur*

Articles du Code civil.	Traités de Pothier.	Numéro ou Page du Traité.	Observations.
			laquelle personne ne peut justifier sa propriété.
717	*id.*	n. 67	
718	Successions.	p. 477	— Voyez page 478, quand est présumée ouverte la succession d'un absent dont on n'a point de nouvelles.
id.	Cout. d'Orléans, introd. au titre XVII.	n. 36	— Ce que Pothier dit de la mort civile et de la profession religieuse, ne peut recevoir d'application dans notre Droit.
720	Successions.	p. 479 *in f.*	
		p. 420	
id.	Cout. d'Orléans, introd. au titre XVII.	n. 38	
723	Successions.	p. 539	— Voyez page 340, quelles conjonctions sont illégitimes.
724	De la propriété.	n. 248	— Règle du Droit français, *le mort saisit le vif.*
		n. 261	— Exception au principe, que la volonté est nécessaire pour acquérir le domaine de propriété.
		n. 332 *in f.*	
		n. 336 *in f.*	— Effet de la saisine.
id.	De la possession.	n 57	
id	Successions.	p. 482	— Comment on acquiert les successions ; et de la règle *le mort saisit le vif.* Ce que dit Pothier des légataires

Articles du Code civil.	Traités de Pothier.	Numéro ou Page du Traité.	Observations.
			universels ne seroit plus applicable chez nous.
		p. 484	
		p. 485	— Effet de la saisine.
id.	Cout. d'Orléans, titre XVII.	art. 301	
725	Successions.	p. 325	
		p. 327	
		p. 328	
		p. 332	
		p. 333	
		p. 334	
id.	Cout. d'Orléans, introd. au titre XVII.	n. 6	— Voyez n. 7 , par qui doit être faite la preuve de l'existence à l'époque de l'ouverture de la succession.
		n. 8	
726	Successions.	p. 321	— Voyez la loi du 24 juillet 1819, qui abroge les art. 726 et 912 du code civil.
727	id.	p. 557	
id.	Cout. d'Orléans, introd. au titre XVII.	n. 14. 2°	
731	Successions.	p. 369	
id.	Cout. d'Orléans, introd. au titre XVII.	n. 15	
735	Contr. de mariage.	n. 123	
id.	Successions.		— Voyez page 336 , ce que c'est que la parenté.
		p. 337	
736	Contr. de mariage.	n. 122	
id.	Successions.	p. 337	

Articles du Code civil.	Traités de Pothier.	Numéro ou Page du Traité.	Observations.
737	Contr. de mariage.	n. 124	
id.	Successions.	p. 337	
738	Contr. de mariage.	n. 125	
id.	Successions.	p. 337	
739	id.	p. 370	
		p. 374 *in f.*	
id.	Cout. d'Orléans, introd. au titre XVII.	n. 17	
740	Successions.	p. 371	
id.	Cout. d'Orléans, introd. au titre XVII.	n. 16	
id.	Cout. d'Orléans, titre XVII.	art. 304	
743	Successions.	p. 376	
744	id.	p. 371	
		p. 372	
id.	Cout. d'Orléans, introd. au titre XVII.	n. 18	
745	Successions.	p. 369	
747	id.	p. 436	— Voyez page 437, quelles personnes sont préférées à l'ascendant donateur ;
			— Page 438, à quelles personnes l'ascendant donateur est préféré ;
		p. 439	— A quel titre l'ascendant donateur succède aux choses par lui données.
id.	Cout. d'Orléans, titre XVII.	art. 315	

Articles du Code civil.	Traités de Pothier.	Numéro ou Page du Traité.	Observations.
752	Successions.	p. 456	— Ce que c'est que le double lien.
756	id.	p. 630	— Pourquoi ces sortes de successions sont-elles appelées irrégulières ?
762	Donations testamentaires.	p. 115	
765	Cout. d'Orléans, introd. au titre XVII.	n. 3	
767	id.	n. 35	
768	De la propriété.	n. 447	— L'état n'étant pas héritier, n'a pas l'action ou pétition d'hérédité contre celui qui s'est mis en possession des biens composant la succession, mais il a une action *in rem*.
769	Successions.		— Voyez page 612, quelles sont les autres obligations du conjoint ou de l'état.
774	id.	p. 486	— Voyez page 492, par qui une succession peut être acceptée.
id.	Cout. d'Orléans, introd. au titre XVII.	n. 44	— Page 494, quand une succession peut être acceptée.
775	De la propriété.	n. 248	— *N'est héritier qui ne veut.*
id.	Successions.	p. 484	
id.	Cout. d'Orléans. introd. au titre XVII.	n. 39	
id.	Cout. d'Orléans, titre XVII.	art. 355	
776	Successions.	p. 493	

Articles du Code civil.	Traités de Pothier.	Numéro ou Page du Traité.	Observations.
id.	Cout. d'Orléans, introd. au titre XVII.	n. 4o	
777	De la propriété.	n. 248 *in méd.*	
id.	Successions.	p. 497	
778	*id.*	p. 487	—Deux manières d'accepter *aut verbo , aut facto.*
id.	Cout. d'Orléans, introd. au titre XVII.	n. 44	
id.	Cout. d'Orléans, titre XVII.	art. 336	
779	Successions.	p. 488	— Quand l'héritier fait-il acte d'héritier ?
		p. 489	
		p. 49o	
780	*id.*	p. 491	— Nous n'indiquons la concordance que pour la cession.
		p. 492	
781	*id.*	p. 485	
		p. 493	
		p. 526 *in f.*	
id.	Cout. d'Orléans, introd. au titre XVII.	n. 41	
784	Successions.	p. 527	
id.	Cout. d'Orléans, introd. au titre XVII.	n. 65	— Voyez n. 63-64, qui peut répudier une succession.

Articles du Code civil.	Traités de Pothier.	Numéro ou Page du Traité.	Observations.
785	De la propriété.	n. 248 *in f.*	
		n. 261, alinéa 2	
id.	Successions.	p. 483	
		p. 528	
786	Contrat de vente.		— Voyez n. 546, la question de savoir : si, depuis la cession qu'un héritier pour partie a faite à quelqu'un de ses droits successifs, son cohéritier renonce à la succession, la part de ce renonçant accroît pour le profit comme pour les charges au cédant ou au cessionnaire.
id.	De la propriété.	n. 248 *in f.*	
id.	Successions.	p. 483	
		p. 485	
		p. 528	
id.	Cout. d'Orléans, introd. au titre XVII.	n. 67	
id.	Cout. d'Orléans, titre XVII.	art 359	
788	Successions.	p. 493	
		p. 496	
id.	Cout. d'Orléans, introd. au titre. XVII.	n. 43	
791	Successions.	p. 527	— Le code est contraire à Pothier relativement à la renonciation faite par contrat de mariage.

Articles du Code civil.	Traités de Pothier.	Numéro ou Page du Traité.	Observations.
794	Successions.	p. 502	
id.	Cout. d'Orléans, introd. au titre XVII.	n. 48	
795	Successions.	p. 529	
id.	Cout. d'Orléans, introd. au titre XVII.	n. 68	
id.	Cout. d'Orléans, titre XVII.	art. 337	
797	Successions.	p. 530	
798	id.	p. 531	
id.	Cout. d'Orléans, introd. au titre XVII.	n. 70	
799	Successions.	p. 531	
800	id.	p. 531	
		p. 532	— Le jugement rendu contre l'héritier n'a d'effet qu'à l'égard du créancier qui l'a obtenu.
id.	Cout. d'Orléans, introd. au titre XVII.	n. 46	
802	Obligations.	n. 642 in f.	
id.	Successions.	p. 499	
		id.	— De la nature de l'acceptation sous bénéfice d'inventaire.
		p. 509	
		p. 510	
		p. 511	

Articles du Code civil.	Traités de Pothier.	Numéro ou Page du Traité.	Observations.
id.	Cout. d'Orléans, introd. au titre XVII.	n. 49 n. 52	
803	Successions.	p. 5o3 p. 5o6	
id.	Cout. d'Orléans, introd. au titre XVII.	n. 49 n. 54	
804	Successions.	p. 5o4	
id.	Cout. d'Orléans, introd. au titre XVII.	n. 54	
805	Successions.	p. 5o4	
id.	Cout. d'Orléans, titre XVII.	art. 342.	
806	Successions.	p. 5o4 *in f.*	
id.	Cout. d'Orléans, titre XVII.	art. 343	
807	Cout. d'Orléans, introd. au titre XVII.	n. 48 *in f.*	
808	Successions.	p. 5o7	
id.	Cout. d'Orléans, introd. au titre XVII.	n. 5o *in f.*	

Articles du Code civil.	Traités de Pothier.	Numéro ou Page du Traité.	Observations.
809	Cout. d'Orléans, introd. au titre XVII.	n. 51	
810	Successions.	p. 607 *in f.*	
815	*id.*	p. 532 p. 533	
id.	Cout. d'Orléans, introd. au titre XVII.	n. 71	—On ne pourroit, sous le code, suspendre jusqu'à la majorité, s'il devoit s'écouler plus de cinq années.
816	Successions.	p. 534	
id.	Cout. d'Orléans, introd. au titre XVII.	n. 72	
818	Successions.	p. 493 p. 526	
819	*id.*	p. 579	
824	Successions.	p. 580	
id.	Cout. d'Orléans, introd. au titre XVII.	n. 75	
826	Successions.	p. 579	

Articles du Code civil.	Traités de Pothier.	Numéro ou Page du Traité.	Observations.
828	id.	p. 537	— Voyez page 538, des détails sur les fournissemens à faire par chacun des héritiers.
id.	Cout. d'Orléans, introd. au titre XVII.	n. 74	
829	Successions.	p. 537	
id.	Cout. d'Orléans, introd. au titre XVII.	n. 76	
830	Successions.	p. 570	
id.	Cout. d'Orléans, introd. au titre XVII.	n. 94	
832	Successions.	p. 581	
833	id.	id.	
		p. 584	— Des différentes espèces de retour de partage. Observez, quant à la nature de la rente, un changement apporté par l'article 530 du code civil.
id.	Cout. d'Orléans, introd. au titre XVII.	n. 97	

Articles du Code civil.	Traités de Pothier.	Numéro ou Page du Traité.	Observations.
839	Successions.	p. 581 *in f.*	
841	Cout. d'Orléans, introd. au titre XVII.	n. 2 et suiv.	—L'action introduite par l'article 841, se rapproche un peu du retrait lignager ; on pourra consulter ces numéros de Pothier pour saisir les points de doctrine qui s'appliquent à l'article 841.
843	Successions.	p. 499	
		p. 539	
		p. 541	
		p. 542	
		p. 543	
		p. 544	
		p. 546	—Pothier examine ici trois questions : —1º Si un père étant colégataire avec un de ses enfans, d'un héritage qui leur a été légué, répudie son legs pour faire plaisir à son fils, le fils sera-t-il tenu de rapporter la portion répudiée par son père ? —2º Une mère, pour favoriser les enfans de son premier mari, renonce à la communauté opulente de ce premier mari; les enfans du second lit pourront-ils demander aux enfans du premier, le rapport de l'avantage que cette renonciation de leur mère leur a procuré?

Articles du Code civil.	Traités de Pothier.	Numéro ou Page du Traité.	Observations.
		p. 548	— 3o Est-ce un avantage sujet à rapport, lorsque la mère qui avoit droit de demander à ses enfans du premier lit, la reprise de son apport en la communauté de leur père, en renonçant à cette reprise, accepte cette communauté quoique mauvaise, pour les favoriser et les décharger de la restitution de cet apport?
id.	Cout. d'Orléans, introd. au titre XVII.	n. 56 n. 76 n. 77	
845	Successions.		— Voyez page 512, si l'héritier bénéficiaire qui a abandonné tous les biens de la succession aux créanciers et aux légataires démeure sujet, envers ses cohéritiers, au rapport de ce qui lui a été donné par le défunt?
id.	Cout. d'Orléans, introd. au titre XVII.	p. 76	
848	Successions.	p. 376 p. 557	
id.	Cout. d'Orléans, introd. au titre XVII.	n. 83	

Articles du Code civil.	Traités de Pothier.	Numéro ou Page du Traité.	Observations.
850	Successions.	p. 558	—Voyez même page et 559, à la succession de qui doit se faire le rapport d'une dot constituée conjointement par le mari et la femme.
d.	Cout. d'Orléans, introd. au titre XVII.	n. 84	
851	id	n. 85	
852	Successions.	p. 549	
853	Cout. d'Orléans, introd. au titre XVII.	n. 77	
854	Successions.	p. 545	
855	id.	p. 563	
		p. 567	—L'héritier est-il tenu de rapporter le prix de l'héritage qui a péri entre les mains d'un tiers acquéreur?
856	id.	p. 551	
857	id.	p. 508	
		p. 560	—Voyez page 561, si les créanciers de l'héritier qui a renoncé en fraude de leurs droits peuvent demander le rapport?
		p. 627	

Articles du Code civil.	Traités de Pothier.	Numéro ou Page du Traité.	Observations.
id.	Cout. d'Orléans, introd. au titre XVII.	n. 88	
858	*id.*	n. 94	
859	Successions.	p. 562 p. 571	
id.	Cout. d'Orléans, introd. au titre XVII.	n. 91	
id.	Cout. d'Orléans titre XVII.	art. 306	
860	Successions.	p. 563 p. 566	
id.	Cout. d'Orléans, introd. au titre XVII.	n. 92 n. 95 *inf.*	—Remarquez un changement apporté par notre article 860 relativement à la valeur de l'immeuble qui doit être rapporté.
id.	Cout. d'Orléans, titre XVII.	art. 306	
861	Cout. d'Orléans, introd. au titre XVII.	n. 91 n. 92	
id.	Cout. d'Orléans, titre XVII.	art. 306	

Articles du Code civil.	Traités de Pothier.	Numéro ou Page du Traité.	Observations.
862	Successions.	p. 563	
		p. 564	
863	*id.*	p. 563	
		p. 564	
		p. 565	
id.	Cout. d'Orléans, introd. au titre XVII.	n. 91	
864	Successions.	p. 566	
865	*id.*	p. 570	
id.	Cout. d'Orléans, introd. au titre XVII.	n. 95	
868	*id.*	n. 90	
870	Successions.	p. 597	
		p. 606 *in f.*	
		p. 612	
		p. 614	—Pour quelle portion les héritiers sont-ils tenus des dettes ? —Voyez un changement apporté par l'article 1009 du code civil relativement aux légataires universels.

Articles du Code civil.	Traités de Pothier.	Numéro ou Page du Traité.	Observations.
id.	Cout. d'Orléans, introd. au titre XVII.	n. 108	—Voyez n° 109, les consé-quences du principe que *l'héritier continue la per-sonne du défunt.* —n° 126, d'autres charges des successions.
id.	Cout. d'Orléans, titre XVII.	art. 360	—Retranchez ce qui re-garde la distinction des biens et le droit d'ainesse.
871	Successions.	p. 597 p. 610 p. 619	
id.	Cout. d'Orléans, introd. au titre XVII.	n. 113	—C'est une question chez nous, si le légataire uni-versel est tenu des dettes *ultra vires.*
873	Hypothèque.	p. 160 *in med.*	
id.	Successions.	p. 614 p. 623	— Voyez page 622, des ac-tions des créanciers et lé-gataires contre les héritiers et autres successeurs uni-versels.
id.	Cout. d'Orléans, introd. au titre XVII.	n. 125	
id.	Cout. d'Orléans, introd. au titre XX.	n. 28 *in f.* n. 52	

Articles du Code civil.	Traités de Pothier.	Numéro ou Page du Traité	Observations.
878	Successions.	p. 625 *in f.*	— Source et motifs de l'article 878 du code civil.
id.	Cout. d'Orléans, introd. au titre XVII.	n. 127	
879	Successions.	p. 627	
881	id.	p. 628	— Motifs de l'article fondé sur un texte d'Ulpien. — Voyez même page *in fine*, un cas où les créanciers de l'héritier seroient admis à demander la séparation des patrimoines.
id.	Cout. d'Orléans, introd. au titre XVII.	n. 130	
883	Contr. de vente.	n. 631	
id.	Successions.	p. 582	
id.	Cout. d'Orléans, introd. au titre XVII.	n. 96	
884	Contr. de vente.	n. 635	— Il faut maintenir l'opinion de Dumoulin rapportée par Pothier, sur la différence qui existe entre la garantie résultant du contrat de vente et celle du partage.
id.	Successions.	p. 586	

Articles du Code civil.	Traités de Pothier.	Numéro ou Page du Traité.	Observations.
		p. 587	
		p. 588	
		p. 589	
		p. 590	
id.	Cout. d'Orléans, introd. au titre XVII.	n. 98	
		n. 99	
		n. 100	
		n. 101	
885	Obligations.	n. 35	
id.	Contr. de vente.	n. 635	
id.	Successions.	p. 591	
		p. 59[illegible]	—Remarquez une différence apportée par notre code relativement à la durée de la garantie d'une rente.
id.	Cout. d'Orléans, introd. au titre XVII.	n. 98	
		n. 106	
887	Contr. de vente.	n. 636	
id.	Successions.	p. 594	
889	id.	id.	
893	Donations entre vifs.	p. 225	

Articles du Code civil.	Traités de Pothier.	Numéro ou Page du Traité.	Observations
894	*id.*	p. 225	— Voyez pages 262 et suivantes des développemens sur l'irrévocabilité des donations entre vifs.
id.	Cout. d'Orléans, introd. au titre XV.	n. 1 n. 65 n. 99	— Voyez n° 3 la nature du contrat.
895	Donations testamentaires.		— Voyez page 87, les différens vices qui peuvent se rencontrer dans les dispositions testamentaires et les annuler. — Page 95, les legs faits par un motif contraire aux bonnes mœurs.
id.	Cout. d'Orléans, introd. au titre XVI.		— Voyez n° 150 et suivans des règles générales sur l'interprétation des legs.
900	Obligations.	n. 204 *in med.*	
id.	Cout. d'Orléans, introd. au titre XVI.	n. 32 n. 64	— Exemples de conditions impossibles ou contraires aux mœurs. Voyez n° 62 et suivans, ce qu'on doit considérer comme condition dans un testament. — n° 69 et suivans, quand et comment une condition doit être accomplie pour donner ouverture aux legs.

Articles du Code civil.	Traités de Pothier.	Numéro ou Page du Traité.	Observations.
901	Donations testamentaires.	p. 101 p. 107	
id.	Donations entre vifs.	p. 227 *inf.*	
id.	Cout. d'Orléans, titre XV.	art. 275	
id.	Cout. d'Orléans, titre XVI.	art. 292	
902	Donations testamentaires.		— Voyez page 104 , en quel temps la capacité de tester est nécessaire.
id.	Donations entre vifs.	p. 235	— Il ne faut pas appliquer ce que dit Pothier sur les mineurs et les interdits.
id.	Cout. d'Orléans, titre XV.	art. 275	
903	Cout. d'Orléans, introd. au titre XV.	n. 5	
904	Donations entre vifs.	p. 227	
905 alinea 2	Donations testamentaires.	p. 101.	
906	Donations entre vifs.	p. 248	

Articles du Code civil.	Traités de Pothier.	Numéro ou Page du Traité.	Observations.
id.	Cout. d'Orléans, introd. au titre XV.	n.° 8 n.° 9	— A qui peut-on donner entre vifs ?
907	Donations entre vifs.	p. 242 p. 243. 3.° p. 244. 4.°	
id	Cout. d'Orléans, titre XVI.	art. 296	
909	Donations testamentaires.	p. 114	
id.	Donations entre vifs.	p. 247	— Notre code n'étend pas l'incapacité aux avoués ni aux avocats.
911	Donations testamentaires.	p. 110	
id.	Donations entre vifs.	p. 247 *in f.*	
id.	Cout. d'Orléans, introd. au titre XVI.	n. 44	
913	Contr. de mariage.	n. 388	
id.	Donations testamentaires.		— Voyez page 122 et suivantes quelques notions sur la réserve coutumière.

Articles du Code civil.	Traités de Pothier.	Numéro ou Page du Traité.	Observations.
id.	Cout. d'Orléans, introd. au titre XV.		— Voyez nº 78 et suivans, comment se fait la supputation de la réserve. — nº 84, si l'enfant légitime profite des augmentations ou souffre des diminutions survenues aux choses qui composent la masse. — nº 90 et suiv., quelle action ont les légitimaires.
id.	Cout. d'Orléans, titre XV.	art. 272	
920	Donations entre vifs.	p. 316	— Voyez pages suivantes des détails sur les donations soumises au retranchement et sur la supputation de la légitime.
id.	Cout. d'Orléans, introd. au titre XV.	n. 71	— Voyez nº 72 et suivans, quelles sont les donations sujettes à réduction? — nº 78, comment se fera la supputation de la légitime.
id.	Cout. d'Orléans, titre XV.	art. 277	
922	Donations entre vifs.	p. 321	
923	*id.*	p. 323	
		p. 324	
id.	Cout. d'Orléans, introd. au titre XV.	n. 81	— Les numéros suivans diffèrent de notre article 926 qui réduit en même tems

Articles du Code civil.	Traités de Pothier.	Numéro ou Page du Traité.	Observations.
			et au marc le franc les legs universels et à titre particulier.
924	*id.*	n. 81 *in f.*	
928	*id.*	n. 92 *in f.*	— On remarquera que notre article exige que la demande soit intentée dans l'année, pour que le donataire soit tenu à la restitution des fruits à compter du décès.
929	Donations entre vifs.	p. 326	
930	De la propriété.	n. 281	— Action en revendication qui naît du domaine de propriété ; voyez numéros suivans tous les principes de la revendication.
id.	Donations entre vifs.	p. 326	
id.	Cout. d'Orléans, introd. au titre XV.	n. 91	
931	Donations entre vifs.	p. 283	
id.	Cout. d'Orléans, introd. au titre XV.	n. 28	

Articles du Code civil.	Traités de Pothier.	Numéro ou Page du Traité.	Observations.
932	Donations entre vifs.	p. 250 p. 251 p. 253	
id.	Cout. d'Orléans, introd. au titre XV.	n. 30	—Commentaire sur ces mots *accepté en termes exprès.*
id. 2e alin.	id.	n. 40 n. 41	— Après avoir établi la nécessité du concours de volonté, Pothier examine des cas où ce concours ne peut avoir lieu, et détermine les conséquences du non concours.
id.	Cout. d'Orléans, titre XV.	art. 276	
933	Donations entre vifs.	p. 254 p. 255	
id.	Cout. d'Orléans, introd. au titre XV.	n. 32	
935	Donations entre vifs.	p. 255	
id.	Cout. d'Orléans, introd. au titre XV.	n. 33	—Voyez article 463 du Code civil. —Pothier, n. 31, examine si un mineur pourroit accepter valablement de lui-même; le code semble admettre la négative.

Articles du Code civil.	Traités de Pothier.	Numéro ou Page du Traité.	Observations.
id. 3ᵉ alin.	*id.*	n. 34	— Commentaire sur l'ordonnance de 1731, qui avoit la même disposition que notre code.
937	Donations entre vifs.	p. 255	
id.	Cout. d'Orléans, introd. au titre XV.	n. 36 n. 37 n. 38	
938	Donations entre vifs.	p. 284	— Voyez pages suivantes, l'effet de la donation à l'égard du donateur et du donataire.
939	*id.*		— Voyez page 265 et suivantes, les formalités de l'insinuation que la transcription a remplacée, on y trouvera plusieurs points de ressemblance.
942	*id.*	p. 252 *in f.*	
943	*id.*	p. 263	
id.	Cout. d'Orléans, introd. au titre XV.	n. 19 n. 20	
944	Donations entre vifs.	p. 263	

Articles du Code civil.	Traités de Pothier.	Numéro ou Page du Traité.	Observations.
id.	Cout. d'Orléans, introd. au titre XV.	n. 18	— Développemens sur le principe de l'irrévocabilité.
945	Successions.	p. 610 *in f.*	
id.	Donations entre vifs.	p. 263	
id.	Cout. d'Orléans, introd. au titre XV.	n. 18	
946	Donations entre vifs.	p. 263	
948	Cout. d'Orléans, introd. au titre XV.	n. 28 *in f.*	
951	Donations entre vifs.	p. 314	
952	id.	p. 315	
953	id.	p. 304	
id.	Cout. d'Orléans, introd. au titre XV.	n. 100	
955	Donations entre vifs.	p. 305 p. 306	—Développemens sur ce que l'on doit entendre par *délits, sévices et injures graves.*

Articles du Code civil.	Traités de Pothier.	Numéro ou Page du Traité.	Observations.
			—Voyez page 308, par qui et envers qui il faut que l'offense ait été commise pour donner lieu à la révocation.
id.	Cout. d'Orléans, introd. au titre XV.	n. 112	
957	Donations entre vifs.	p. 313 p. 314	
id.	Cout. d'Orléans, introd. au titre XV.	n. 118	
958	Donations entre vifs.	p. 311 p. 312	
id.	Cout. d'Orléans, introd. au titre XV.	n. 115 n. 116 n. 117	
960	Donations entre vifs.	p. 289 p. 290 p. 291 p. 292 p. 295 p. 299	

Articles du Code civil.	Traités de Pothier.	Numéro ou Page du Traité.	Observations.
id.	Cout. d'Orléans, introd. au titre XV.	n. 101	
		n. 102	
		n. 103	
		n. 104	
		n. 106	
		n. 107	
961	Donations entre vifs.	p. 296	
id.	Cout. d'Orléans, introduct. au titre XV.	n. 102	
962	Donations entre vifs.	p. 300	
		p. 301	
		p. 304	
id.	Cout. d'Orléans, introd. au titre XV.	p. 108	
963	Donations entre vifs.	p. 301	
		p. 302	
id.	Cout. d'Orléans, introd. au titre XV.	n. 109	—Voyez le n. 110 sur la restitution des fruits.

Articles du Code civil.	Traités de Pothier.	Numéro ou Page du Traité.	Observations.
964	Donations entre vifs.	p. 303	
id.	Cout. d'Orléans, introd. au titre XV.	n. 107	
965	Donations entre vifs.	p. 293	
id.	Cout. d'Orléans, introd. au titre XV.	n. 105	
966	Donations entre vifs.	p. 302 p. 303	
id.	Cout. d'Orléans, introd. au titre XV.	n. 111	
968	Donations testamentaires.	p. 63	
969	id.	p. 64	
970	id.	id.	
		p. 65	— Explication de ces mots *en entier*. Commentaire sur la signature et la date.
id.	Cout. d'Orléans, introd. au titre XVI.	n. 8	— id.

Articles du Code civil.	Traités de Pothier.	Numéro ou Page du Traité.	Observations.
971	Donations testamentaires.	p. 69	— Le nombre des témoins est changé par le code.
id.	Cout. d'Orléans, introd. au titre XV.	n. 12	
id.	Cout. d'Orléans, titre XVI.	art. 289	
972	Donations testamentaires.	p. 69	
id.	Cout. d'Orléans, introd. au titre XVI.	n. 14 *in med. et in f.*	
id.	Cout. d'Orléans, titre XVI.	art. 289	
973	Cout. d'Orléans, introd. au titre XVI.	n. 14 *in med. et in f.*	
974	*id.*	*id. in med.*	
975	Donations testamentaires.	p. 77	
id.	Cout. d'Orléans, introd. au titre XVI.	n. 14 8º et 9º	
976	Donations testamentaires.	p. 78	

Articles du Code civil.	Traités de Pothier.	Numéro ou Page du Traité.	Observations.
977	Donations testamentaires.	p. 78	
979	id.	id.	
980	id.	p. 75	
id.	Des personnes et des choses.	p. 397	
id.	Cout. d'Orléans, introd. au titre XVI.	n. 14	
id.	Cout. d'Orléans, titre XVI.	art. 289	
981	Donations testamentaires.	p. 80	
983	id.	id.	
984	id.	id.	
985	id.	id.	
987	id.	id.	
1002	Donations testamentaires.	p. 85	
		p. 117	— Voyez pages 199 et suivantes des règles générales sur l'interprétation des legs.
		p. 146	— De quelle époque les legs ont-ils leur effet ?

Articles du Code civil.	Traités de Pothier.	Numéro ou Page du Traité.	Observations.
id.	Cout. d'Orléans, titre XVI.	art. 287	— Dans notre droit il n'est pas défendu de se servir de la formulle ; *j'institue tel mon héritier*, mais cette institution n'est pas essentielle comme elle l'étoit à Rome.
1003	Cout. d'Orléans, introd. au titre XVI.		— Voyez n. 101 ce qui doit être compris dans la délivrance d'un legs universel.
1004	*id·*	n. 75	— On remarquera une différence avec notre droit ; 1° en ce qui concerne les fruits ; 2° en ce qui concerne la saisie, qui dans le cas d'un legs universel n'est accordé qu'aux héritiers à *réserve* (art. 1006 du Code civil.)
1005	De la propriété.	n. 249	
1006	*id.*	n. 262	—Exception au principe que la volonté est nécessaire pour acquérir le domaine de propriété.
1009	Successions.	p. 619	
id.	Donations testamentaires.	p. 85	
id.	Cout. d'Orléans, introd. au titre XVI.	n. 120	

Articles du Code civil.	Traités de Pothier.	Numéro ou Page du Traité.	Observations.
1011	Cout. d'Orléans. introd. au titre XVI.	n. 75	
1012	Successions.	p. 619	
1013	*id.*	*id.*	
1014	De la propriété.	n. 250	
id.	Donations testamentaires.	p. 149	—Voyez page 161, quand la chose léguée doit être délivrée ; et page 162, où doit se faire la délivrance.
		p. 177	
id.	Cout. d'Orléans, introd. au titre XVI.	n. 60 n. 75	
1015	*id.*	n. 96 alinea 2	
1017	Donations testamentaires.	p. 150 p. 152 p. 153	—Voyez page 151 et suivantes les actions accordées aux légataires pour la prestation des legs. Voyez aussi pag. 165.
id.	Cout. d'Orléans, introd. au titre XVI.	n. 76	—Développemens sur l'action personnelle *ex testamento.*—Voy. n. 77 et suiv. contre qui elle est donnée. — n° 81 et suivans, quand les legs doivent être acquittés.

Articles du Code civil.	Traités de Pothier.	Numéro ou Page du Traité.	Observations.
1018	Donations testamentaires.	p. 159 p. 160 p. 162	
id.	Cout. d'Orléans, introduct. au titre XVI.	n. 93 n. 94	— n° 95, on considère comme accessoires, les fruits du jour de la demande.
1019	Donations testamentaires.	p. 159	—D'après le Code il y auroit une distinction à faire entre les augmentations qui auroient lieu par *union réelle*, et celles qui auroient lieu par *union* de *simple destination*. Ces dernières, pour appartenir au légataire, doivent être comprises nécessairement dans le deuxième alinéa de notre article.
id. alinéa 2	Cout. d'Orléans, introduct. au titre XVI.	n. 93	
1020	Donations testamentaires.	p. 157 *in f.*	
1022	id.	p. 160	—Voyez page 159 quelles obligations contracte l'héritier qui acquitte les legs d'une chose indéterminée.
id.	Cout. d'Orléans, introduct. au titre XVI.	n. 92	

Articles du Code civil.	Traités de Pothier.	Numéro ou Page du Traité.	Observations.
1024	Successions.	p. 611	
id.	Donations testamentaires.	p. 85	
id.	Cout. d'Orléans, introduct. au titre XVII.	n. 114	
1025	Donations testamentaires.	p. 135	
id.	Cout. d'Orléans, introduct. au titre XVI.	n. 125	—Si le testateur ne nomme pas d'exécuteur testamentaire, les héritiers sont les exécuteurs naturels, et alors pour connoître les charges qui leur sont imposées à ce titre, voyez n. 121 et suivans.
1026	Donations testamentaires.	p. 137 p. 138	—Sous l'empire du code, la saisine n'a pas lieu de plein droit, c'est la volonté du testateur qui la donne. — Voyez page 145 la durée de la saisine, et l'interprétation de ces mots, *à compter du décès*.
id.	Cout. d'Orléans, titre XVI.	art. 290	—Deux différences avec le droit nouveau; 1° la saisine n'est pas légale mais dépend de la volonté exprimée du testateur; 2° elle ne porte que sur tout ou partie des meubles seulement.

Articles du Code civil.	Traités de Pothier.	Numéro ou Page du Traité.	Observations.
1027	Donations testamentaires.	p. 138	
		p. 139	
id.	Cout. d'Orléans, titre XVI.	art. 290	— Note (3).
1028	Donations testamentaires.	p. 136	
id.	Cout. d'Orléans, introduct. au titre XVI.	n. 125	
1029	Donations testamentaires.	p. 136	
id.	Cout. d'Orléans, introduct. au titre XVI.	n. 125	
1031	Donations testamentaires.	p. 140 *in f.*	
		p. 141	
		p. 143	
		p. 144	
id.	Cout. d'Orléans, titre XVI.	art. 291	— Voyez note (3)
1035	Donations testamentaires.	p. 167	
		p. 169	
		p. 170	— Voyez page 171, comment doit être conçue la révocation pour qu'elle ait l'effet qu'on veut lui donner.

Articles du Code civil.	Traités de Pothier.	Numéro ou Page du Traité.	Observations.
id.	Cout. d'Orléans, introduct. au titre XVI.	n. 126	— Nous ne pensons pas que sous le code un testament nul en la forme puisse révoquer un testament antérieur, le texte de notre article nous semble repousser l'opinion de Pothier. — Voyez n° 141 et suivans, qui profitera de la chose léguée en cas de révocation.
1036	Donations testamentaires.	p. 168 p. 170 p. 172	— Ce que dit Pothier de la survenance d'un posthume ne s'applique pas dans notre droit.
id.	Cout. d'Orléans, introduct. au titre XVI.	n. 127. 2°	
1037	Donations testamentaires.	p. 170	— (Voyez ci-dessus l'observation à l'art. 1035. — n° 126 de la cout. d'Orléans.)
id.	Cout. d'Orléans, introduct. au titre XVI.	n. 127. 2°	
1038	Donations testamentaires.	p. 173	— Le code est contraire à Pothier sur la vente avec faculté de rachat.
id.	Cout. d'Orléans, introduct. au titre XVI.	n. 128	— Les circonstances que Pothier indique comme devant faire cesser la présomption de révocation,

Articles du Code civil.	Traités de Pothier.	Numéro ou Page du Traité.	Observations.
			n'auroient plus aujourd'hui cet effet ; voyez les articles 1038 et 1020 du code civil.
1039	Donations testamentaires.	p. 177	
id.	Cout. d'Orléans, introduct. au titre XVI.	n. 133	
1040	Des obligations.	n. 215	
		n. 220	
id.	Donations testamentaires.	p. 177	— Pothier explique pourquoi l'effet des conditions, dans les dispositions testamentaires, est différent de l'effet des conditions dans les dispositions entre vifs.
id.	Cout. d'Orléans, introduct. au titre XVI.		— Voyez n° 209 et suivans des règles d'interprétation sur les conditions apposées aux legs.
1041	Donations testamentaires.	p. 146	
1042	id.	p. 181	— Voyez page 182, quand une chose est censée périe.
		p. 183	
		p. 185	
		p. 186	

Articles du Code civil.	Traités de Pothier,	Numéro ou Page du Traité.	Observations.
id.	Cout. d'Orléans, introduct. au titre XVI.	n. 136	— Voyez n° 137, l'interprétation de ces mots de notre article, *si la chose léguée est totalement périe.*
1043	Donations testamentaires.	p. 178	— Qui profitera dans ce cas de la chose léguée? voyez développemens à cet égard, page 188 et suivantes.
		p. 179	— Développemens sur la répudiation des legs.
id.	Cout. d'Orléans, introduct. au titre XVI.	n. 133	
		n. 134	
		n. 135	— Voyez n° 141 et suivans qui devra dans ce cas et dans celui de la révocation profiter de la chose léguée.
1044	Donations testamentaires.	p. 191	— Voyez des développemens très-étendus sur le droit d'accroissement.
		p. 194	
		p. 195	
id.	Cout. d'Orléans, introduct. au titre XVI.	n. 145	
		n. 149	
1046	Donations testamentaires.	p. 178	
id.	Cout. d'Orléans, introduct. au titre XVI.	n. 134. 4°	
1048	Donations entre vifs.	p. 248	

Articles du Code civil.	Traités de Pothier.	Numéro ou Page du Traité.	Observations.
id.	Cout. d'Orléans, introduct. au titre XV.	n. 70	
1084	Donations entre vifs.	p. 265	
id.	Cout. d'Orléans, introduct. au titre XV.	n. 26	— On remarquera que Pothier ne parle pas d'une condition exigée par notre Code civil, voyez art. 1085.
1086	Donations entre vifs.	p. 265	
id.	Cout. d'Orléans, introduct. au titre XV.	n. 27	
1088	Communauté, Introduction.	n. 17	
1094	Donations entre mari et femme.		— Voyez n° 1 et suivans, les dispositions du droit romain, du droit écrit et des coutumes relativement aux donations *constant le mariage*. Quoique le système du Code civil soit différent, l'on verra cependant que certaines coutumes permettoient les donations, mais avec des restrictions.
1098	Contr. de mariage.	n. 533	— L'édit des secondes noces, source de notre article est expliqué très-longuement dans Pothier, et peut servir

5

Articles du Code civil.	Traités de Pothier.	Numéro ou Page du Traité.	Observations.
			de commentaire à la disposition de notre code.
id.	Donations entre vifs.		— Voyez page 332 et suivantes, l'action en retranchement qui auroit lieu si la donation excédoit la quotité disponible.
id.	Cout. d'Orléans, titre X.	art. 203	— Première partie de cet article.
1099	Contr. de mariage.	n. 533	
		n. 539	— On trouvera dans Pothier des renseignemens importans sur les dispositions ou actes qui pourroient être considérés comme donations indirectes. — Pour la part de l'enfant *le moins prenant*, voyez n° 560 et 561. — n° 567, à qui profite la réduction. — n° 568 et suivans, s'il est nécessaire d'être héritier pour faire réduire.
id.	Donations entre mari et femme.		— Voyez n° 79 et suivans, plusieurs exemples d'avantages indirects. — n° 94 et suivans, ce qui concerne l'interposition des personnes.
110	Contr. de mariage.	n. 539 et suiv.	

Articles du Code civil.	Traités de Pothier.	Numéro ou Page du Traité.	Observations.
id.	Donations entre mari et femme.	n. 108	
		n. 109	
		n. 112	
		n. 113	
1101	Des obligations.	n. 3	— Dans ce numéro Pothier distingue en Droit romain la convention du simple pacte ; et en Droit français le contrat de la simple promesse à laquelle ne se réuniroit pas l'intention de s'engager. — Le numéro suivant peut servir de commentaire à l'article 1101.
id.	Cout. d'Orléans, introduct. génér. aux coutumes.	n. 14	
1102	Des obligations.	n. 9	— Distinction entre les contrats synallagmatiques parfaits et imparfaits. — Voyez les numéros 10 et 11 sur les contrats consensuels et réels.
1103	*id.*	n. 9	
1104	*id.*	n. 13	— Voyez n° 14, division des contrats en principaux et accessoires. — n° 15, division des contrats en ceux qui sont assujétis par le Droit civil à certaines règles, et en ceux qui se régissent par le pur droit naturel.

Articles du C. de civil.	Traités de Pothier.	Numéro ou Page du Traité.	Observations.
1105	Des obligations.	n. 12	
1108	id.	n. 5	—On voit dans ces numéros et suivans ce qui est de l'essence et de la nature du contrat, et ce qui n'est qu'accidentel.
		n. 6	
		n. 7	
		n. 8	
		n. 16	—Voyez n° 6, si un contrat vicié dans son essence est absolument nul, et s'il peut se transformer en un autre contrat.
1109	id.	n. 17	—Développemens.
id.	De la propriété.	n. 231	
		n. 233	
		n. 235	
		n. 237.	
1110	Des obligations.	n. 18	
		n. 19	—Voyez n° 20, si l'erreur dans le motif annulle le contrat.
1111	id.	n. 21	—Les lettres de rescision ne sont plus nécessaires.
		n. 22	
		n. 23	—Voyez n° 24, une espèce où l'engagement, quoique contracté par suite de violence, seroit valable.

Articles du Code civil.	Traités de Pothier.	Traités de Pothier.	Observations.
1112	Des obligations.	n. 25	—Pothier en appuyant ces principes sur des textes du Droit romain, y déroge cependant, et pense, quoique les caractères indiqués dans les textes n'existent pas, qu'il y aura lieu à rescision dans le cas où il y auroit eu crainte pour l'avenir. Notre Code paroît consacrer exclusivement les textes du Droit romain.
id.	Contr. de mariage.	n. 316.	
1113	Des obligations.	n. 25	—Voyez l'observation à l'article 112.
1114	id.	n. 26	—Pothier cite des exemples de violence légitime.
		n. 27	
1115	id.	n. 21 in f.	
1116	id.	n. 28	
		n. 29	
		n. 30	
		n. 31	
		n. 32	
1117	id.	n. 21	—Il n'est plus besoin de lettre de rescision. —Notre Code paroît rejeter la nullité de plein droit, que Pothier adopte pour le cas où il y a erreur.

Articles du Code civil.	Traités de Pothier.	Numéro ou Page du Traité.	Observations.
1118	Des obligations.	n. 33 et suivans.	—De la lésion entre majeurs ; ses effets relativement à certains contrats.
1119	id.	n. 54	— Développemens.
1121	id.	n. 70 n. 71 n. 72 n. 73	—Distinction entre le cas où l'engagement envers un tiers est l'objet principal de la convention, de celui où il est seulement *conditio vel modus*.
1122	id.	n. 61 et suivans.	
		n. 125	—Voyez n° 126.
		n. 673	—Voyez n° 674 plusieurs exceptions au principe de l'article 1122. — Voyez n° 675 les créances qui s'éteignent par la mort du débiteur.
1124	id.	n. 49 et suivans.	—Pothier distingue entre le contrat passé par la femme et qui est frappé d'une nullité absolue, et le contrat passé par le mineur, l'interdit ou le prodigue dont la nullité n'est que relative ; cette distinction disparoît sous le Code, la femme oblige envers elle aussi bien que le mineur, le contrat n'est nul qu'en sa faveur.

Articles du Code civil.	Traités de Pothier.	Numéro ou Page du Traité.	Observations.
id.	De la propriété	n. 7	
1125	Des obligations.	n. 49 et suiv.	—Voyez l'observation à l'article 1124.
1126	*id.*	n. 53	
		n. 129	
		n. 130	— Voyez n° 136-137, quelle doit être la nature du fait pour qu'il puisse entrer dans l'obligation. —N° 138-139-140, il faut que le créancier ait intérêt à ce que ce fait ait lieu.
1127	*id.*	n. 130	
1128	*id.*	n. 131	
1129	*id.*	n. 131	
		n. 283	
1130	*id.*	n. 132	—Pothier admet avec la loi romaine qu'une convention peut porter sur une succession future, si l'auteur y consent, ce qui est formellement repoussé par notre article. —Les numéros suivans offrent des développemens sur les choses qui peuvent être l'objet d'une obligation.

Articles du Code civil.	Traités de Pothier.	Numéro ou Page du Traité.	Observations.
id.	Cout. d'Orléans, introd. au titre XVI.	n. 125.	
1131	Des obligations.	n. 42	
		n. 43	
1133	id.	n. 42	
		n. 43	
1134 alinéa 1	id.	n. 85	
		n. 87	
1135	id.	n. 85	
		p. 86	
1136	id.	n. 142	
id.	Contr. de vente.	n. 53	— De l'obligation de conserver la chose jusqu'à la livraison; voyez au n° 55 quand doit cesser cette obligation.
1137	Des obligations.	n. 142	— Règles pour l'interprétation particulière du 2e alinéa de l'art. 1137.
1138	id.	n. 143	
1139	id.	n. 144	
1142	id.	n. 146	— Le n° 149 pose une exception au principe.

Articles du Code civil.	Traités de Pothier.	Numéro ou Page du Traité.	Observations.
		n. 147	
		n. 157	
		n. 158	
1143	Des obligations.	n. 158	
1145	id.	n. 148	
1146	id.	n. 169	
1149	id.	n. 159	
1150	id.	n. 160	— Voyez numéros 163-164 des règles pour taxer les dommages-intérêts.
1151	id.	n. 161	— Voy. n° 162-163.
		n. 166	
		n. 167	
		n. 168	
1153	id.	n. 170	
1155	id.	n. 441 alinéa 2.	
1156	id.	n. 91	
1157	id.	n. 92	
1158	id.	n. 93	
1159	id.	n. 94	

Articles du Code civil.	Traités de Pothier.	Numéro ou Page du Traité.	Observations.
1160	Des obligations.	n. 95	
1161	id.	n. 96	
1162	id.	n. 97	
1163	id.	n. 98	— Dans le n° 99 Pothier établit une règle pour le cas où l'objet de la convention est *une universalité de choses.*
1164	id.	n. 100	— Voyez numéros 101-102.
1165	id.	n. 85	
		n. 87	— Voyez les numéros 88-89-90 où Pothier explique les contradictions qui semblent exister entre les articles 1165, 1048, 1053, 2036, 2038 du Code civil, et 519, 524 combinés du Code de commerce.
1167	Successions.	p. 628 *in f.*	
1168	Des obligations.	n. 198	
		n. 199	
1169	id.	n. 201	— Voyez ce que dit Pothier sur l'indivisibilité de l'accomplissement des conditions, numéros 215, 216, 217, 223.

Articles du Code civil.	Traités de Pothier.	Numéro ou Page du Traité.	Observations.
1170	Des obligations.	n. 201	— *id.*
1172	*id.*	n. 204	
1173	*id.*	n. 204 *in f.*	
1174	*id.*	n. 205	
1175	*id.*	n. 206 *in med.* n. 207	
1177	*id.*	n. 210 n. 211	
1178	*id.*	n. 212	
1179	*id.*	n. 220	
1180	*id.*	n. 222	
1181	*id.*	n. 202	— Pothier ne considère pas comme une obligation conditionnelle proprement dite celle qui dépend d'un événement arrivé, mais inconnu des parties, il se fonde sur une loi romaine. Voyez numéro suivant la distinction entre la condition et le terme ; différence à cet effet entre les actes entre vifs et les testamens.
		n. 218	

Articles du Code civil.	Traités de Pothier.	Numéro ou Page du Traité.	Observations.
1182	Des obligations.	n. 219	
1183	id.	n. 224	
		n. 672	
1184	id.	n. 672	
1185	id.	n. 230	— Dans les numéros précédens Pothier explique ce qu'on doit entendre par termes, et en distingue plusieurs espèces. — Le n° 237 parle du cas où le terme est joint à la condition.
1186	id.	n. 227	— Voyez n° 228, 229, ce que c'est que le terme de paiement et des différentes espèces.
		n. 230	
		n. 231	
		n. 547	
1187	id.	n. 233	
1188	id.	n. 234	
		n. 235	
		n. 236	
1189	id.	n. 246	— Pothier dans les numéros 243 et 244 distingue l'obligation alternative de celle contractée avec faculté de

Articles du Code civil.	Traités de Pothier.	Numéro ou Page du Traité.	Observations.
			payer une chose à la place de celle qui est *in obligatione*, et dans le nº 245 il établit ce que c'est qu'une obligation alternative.
1190	Des obligations.	n. 247	
		n. 248	
1191	id.	n. 247	
		n. 562	— Voyez numéros 563-564.
1192	id.	n. 249	
1193	id.	n. 250	
		n. 251	
		n. 657	
1194	id.	n. 253	
1197	id.	n. 258	— Voyez nº 259, des exemples.
		n. 260	
1198	id.	n. 260 alinéa 2.	— Pothier, alinéa 4º du nº 260 et nº 619, établit un principe fondé sur le Droit romain, auquel notre article 1198 a dérogé.
1199	id.	id.	— id.
1200	id.	n. 261	

Articles du Code civil	Traités de Pothier.	Numéro ou Page du Traité.	Observations.
		n. 262	— Distinction entre l'obligation solidaire et l'obligation alternative.
		n. 263	
		n. 274	— Ce numéro s'applique particulièrement à ces mots de notre article ; *le paiement fait par un seul libère tous les autres.* L'opinion de Donat relativement à la compensation, citée et suivie par Pothier, est repoussée par l'article 1294.
1201	Des obligations.	n. 263	— Voyez n° 236, ce qui arrive dans le cas où l'un des débiteurs solidaires a perdu le bénéfice du terme ?
1202	*id.*	n. 265	— Pothier après avoir cité dans les numéros 266-267-268 plusieurs cas où la solidarité non expresse existe (*tous ces cas ne sont pas applicables chez nous*) examine si un testament peut produire une obligation parfaitement solidaire, n° 269.
1203	*id.*	n. 270	
1204	*id.*	n. 271	
1205	*id.*	n. 273	
1206	*id.*	n. 272	

Articles du Code civil.	Traités de Pothier.	Numéro ou Page du Traité.	Observations.
1209	Des obligations.	n. 276	
1210	*id.*	n. 277 n. 278	—Pothier donne plusieurs règles d'interprétation et des exemples desquels on peut induire la renonciation tacite à la solidarité à l'égard d'un ou de plusieurs des débiteurs solidaires. Il distingue le cas où le créancier reçoit sans avoir formé de demande, de celui où il reçoit après avoir fait une demande; et dans ce dernier cas après avoir examiné la question de savoir si le commandement seul fait au débiteur pour sa part emporte renonciation à la solidarité, il se prononce pour l'opinion qui a été adoptée par notre article, 3e alinéa.
1211	*id.*	n. 277 n. 278	—Voyez l'observation à l'article précédent.
id.	Constitution de rente.	n. 194	—Application du principe du 2e alinéa de l'article 1211.
1212	Des obligations.	n. 279	—Pothier veut une prescription de trente ans, notre article déroge.
1213	*id.*	n. 264	
1214	*id.*	n. 264	

Articles du Code civil.	Traités de Pothier.	Numéro ou Page du Traité.	Observations.
		n. 281	Pothier dans le n° 280 a d'abord établi que le débiteur devoit, pour exercer son recours, se faire céder les actions de son créancier; on ne reconnoissoit point alors la subrogation légale; Pothier combat Dumoulin qui veut en trouver des traces dans les lois romaines. — L'article 1251, 3° a apporté à cet égard un changement dans la législation. Dans le n° 281 Pothier examine l'étendue des effets de la cession d'action ; comme cette cession est remplacée par la subrogation légale, on a indiqué l'article 1214 qui, quant aux effets, se trouve en rapport avec le n° 281.
1215	id.	n. 277	— Voyez l'observation à l'article 1210.
		n. 278	
1216	id.	n. 264	
1217	id.	n. 288	— Pothier explique ces mots *division matérielle et intellectuelle.* Tous ces numéros peuvent servir de commentaire à notre article.
		p. 289	
		n. 290	
		n. 291	
id.	Successions.	p. 619 *in f.*	

Articles du Code civil.	Traités de Pothier.	Numéro ou Page du Traité.	Observations.
1218	Des obligations.	n. 293	— L'indivisibilité dont parle notre article paroît être celle que Dumoulin définit *individuum obligatione*. — Voyez les deux autres divisions, numéros 292-295. — Les numéros 296 et suivans offrent des exemples qui font comprendre quand une obligation est ou n'est pas divisible.
1219	*id.*	n. 324	— Différence entre la solidarité et l'indivisibilité.
		n. 325	
1220	*id.*	n. 300	
		n. 310	
		n. 318	— Le n° 319 présente un cas dans lequel la division n'aura plus lieu dans la personne de l'héritier.
		n. 322	
1221	*id.*	n. 301	— C'est dans le sens des numéros 303 et 304 que le deuxième alinéa de notre article doit être entendu ; notre code adopte l'avis de Dumoulin dans les dernières conséquences.
		n. 303	
		n. 304	
		n. 305	
		n. 308	— Le n° 309 offre une distinction entre l'obligation *in solidum* et l'obligation indivisible.

Articles du Code civil.	Traités de Pothier.	Numéro ou Page du Traité.	Observations.
id. 5e alin.		n. 312	— Voyez n° 313 un cas où l'exception est fondée sur l'objet de l'engagement.
		n. 314	
		n. 316	
1222	Des obligations.	n. 323	
1223	id.	n. 306	
		n. 323	
id.	Successions.	p. 619 *in f.*	
1224	Des obligations.	n. 327	
		n. 328	
		n. 329	
1225	id.	n. 331	
		n. 333	
		n. 334	
		n. 337	
1226	id.	n. 338	
1227	id.	n. 339	
		n. 340	
1228	id.	n. 342	
1229	id.	n. 343	
		n. 345	

Articles du Code civil.	Traités de Pothier.	Numéro ou Page du Traité.	Observations.
1230	Des obligations.		— Voyez numéros 348 349 des cas où l'obligation consiste à ne pas faire.
1231	*id.*	n. 351	— Voyez les développemens du principe dans les numéros suivans.
1232	*id.*	n. 356	— Voyez *vice versâ* n° 365.
		n. 357	
		n. 358	
		n. 359	
1233	*id.*	n. 360	
		n. 361	
		n. 362	
1234	*id.*	n. 493	
		n. 551	— Voyez numéros 552 et suivans, si un seul paiement peut éteindre plusieurs obligations.
1235	*id.*	n. 195	— Pour l'intelligence de ce numéro, lisez les numéros précédens ; ils offrent la différence qu'il y a entre les obligations naturelles des Romains et les nôtres.
		n. 546	
1236	*id.*	n. 499	
1237	*id.*	n. 500 *ib f.*	

6 *

Articles du Code civil.	Traités de Pothier.	Numéro ou Page du Traité.	Observations.
1238	Des obligations.	n. 495	— Notre article 1238 est, dans la rédaction, conforme au texte de Pothier, quoique les principes sur la translation de propriété ne soient pas chez nous, les mêmes que dans l'ancien Droit.
id.	De la propriété.	n. 224	— Exception au principe posé dans l'article 1238.
1239	Des obligations.	n. 242	
		n. 501	— Voyez n. 502, ce que l'on doit comprendre sous le nom de *créancier*.
		n. 506 et suivans.	— Voyez n. 416 et suivans, ce qui concerne le *tiers adjoint* ; — n. 514, le mandat légal.
		n. 528	— Commentaire de l'article.
		n. 529	
id. alinéa 2	De la propriété.	n. 258	
1240	Des obligations.	n. 50	
1241	id.	n. 504	
1242	id.	n. 505	

Articles du Code civil.	Traités de Pothier.	Numéro ou Page du Traité.	Observations.
1243	Des obligations.	n. 243	— Voyez n. 244, la distinction établie entre l'obligation alternative et celle contractée avec la faculté de payer autre chose que ce qui est *in obligatione*.
		n. 250	— Les numéros suivans offrent des développemens du principe.
id.	Contr. de vente.		— Si le créancier consent à recevoir une autre chose que celle due, il y a dation en paiement. Voyez n. 601 et suivans, les développemens de la dation en paiement.
1244	Des obligations.	n. 534	
		n. 536	— Voyez n. 537 une exception, lorsqu'il y a contestation sur la qualité de ce qui est dû.
1245	*id.*	n. 544	
1246	*id.*	p. 283 *in méd.*	
		n. 284	
		n. 545	
1247	*id.*	n. 238	— Voyez n. 241, le cas où la convention indiqueroit deux différens lieux de paiement.
		n. 548	
		n. 549	

Articles du Code civil.	Traités de Pothier.	Numéro ou Page du Traité	Observations.
1248	Des obligations.	n. 55o	
1249	Cout. d'Orléans, introd. au titre XX.	n. 69	— Voyez n. 66, ce que c'est que la subrogation et en quoi elle convient avec le transport.
1250	*id.*	n. 77	
		n. 78	
		n. 80	
		n. 81	— Voyez n. 83 et suivans, les effets de la subrogation.
1251	Des obligations.	n. 558.3°	
		id. *in med.*	— De grandes différences se font remarquer dans ce numéro ; on doit les attribuer aux cessions d'action qui ont été remplacées par la subrogation légale.
id.	Cout. d'Orléans, introd. au titre XX.	n. 72	
1252	Des obligations.	n. 281	— Voyez l'observation à l'article 1214.
id.	Cout. d'Orléans, introd. au titre XX.	n. 80 *in f.* n. 87	
1253	Des obligations.	n. 565	

Articles du Code civil.	Traités de Pothier.	Numéro ou Page du Traité.	Observations.
1254	Des obligations.	n. 570	— Voyez exception à cette règle, n. 571.
1255	id.	n. 566	— C'est à la fin de ce numéro que Pothier, après avoir discuté l'opinion de Bachovius, pose la règle reproduite par l'art. 1255.
1256	id.	n. 567 n. 568 n. 569	— Voyez les corollaires de ce numéro.
1257	id.	n. 573 *in f.*	— Remarquez que notre code dit que la consignation *tient lieu* de paiement, parce qu'il n'y a point dans ce cas de paiement parfait.
		n. 580	
id.	Contr. de dépôt.	n. 99	— Du dépôt des choses dues, qui est ordonné ou confirmé par le juge. — Des dépôts de deniers qui se font chez le receveur des consignations.
		n. 100	— Voyez n. 101, 102, de la nature de cette consignation. — n. 103, 104, 105, 106, 107, des effets de cette consignation. — n. 109 et suivans, des obligations que le receveur des consignations contracte par la consignation.

Articles du Code civil.	Traités de Pothier.	Numéro ou Page du Traité.	Observations.
id.	De la propriété.	n. 271	
1258	Des obligations.	n. 534	
		n. 574	
		n. 575	
		n. 576	
		n. 577	
1259	*id.*	n. 578	
		n. 579	
1261	*id.*	n. 530 alinéa 3.	
1262	*id.*	n. 580 alinéa 3.	
1268	Cout. d'Orléans, introd. au titre XIX.	n. 122	
		n. 124	
		n. 126	
1269	De la propriété.	n. 273	
id.	Cout. d'Orléans, introd. au titre XIX.	n. 127	
1270	Cout. d'Orléans, introd. au titre XIX.	n. 126	
1271	Des obligations.	n. 581	— On peut voir comme corollaires de ces numéros, les n. 585 et suivans.

Articles du Code civil.	Traités de Pothier.	Numéro ou Page du Traité.	Observations.
		n. 582	
		n. 583	
		n. 584	
1272	Des obligations.	n. 590	
		n. 592	
1273	id.	n. 594	— Voyez n. 595, si la constitution d'une rente pour le prix d'une somme due par le constituant renferme une novation ? — n. 596, de la nécessité que quelque chose différencie la nouvelle dette de l'ancienne, pour qu'il y ait novation.
1275	id.	n. 600	— Voyez n. 601 et suivans, l'effet de la délégation.
1276	id.	n. 604	
1277	id.	n. 605 in med.	— Pothier établit d'abord la différence entre la délégation et le transport.
id.	Contr. de vente.	n. 553	
1278	Des obligations.	n. 599 in princ.	
1281 alinéa 1	id.	n. 379	
		n. 599	

Articles du Code civil.	Traités de Pothier.	Numéro ou Page du Traité.	Observations.
1282	Des obligations.	n. 608	— On peut voir dans le n. 607, le cas où la remise est faite par simple convention, et n. 614, si la seule volonté du créancier, sans acceptation du débiteur, suffit. — Voyez n. 619, quelles personnes peuvent faire remise ; il faut remarquer toutefois une différence avec notre Droit, en ce qui concerne les créanciers solidaires.
1284	*id.*	n. 608	
1285	*id.*	n. 275	
		n. 621	—Pothier établit une grande distinction entre remettre la dette purement et simplement, et faire la remise à la personne ; il raisonne dans le sens de la remise à la personne au n. 617.
1286	*id.*	n. 610	
1287	*id.*	n. 617 *in med.*	
1288	*id.*	n. 618	— Nous faisons ici le rapprochement avec Pothier, quoiqu'il n'y ait pas concordance, parce que le numéro indiqué pourra servir à interpréter plus justement notre article.
1289	*id.*	n. 623	

Articles du Code civil.	Traités de Pothier.	Numéro ou Page du Traité.	Observations.
1290	Des obligations.	n. 538	
		n. 635	—Pothier explique ces mots *de plein droit*. Voyez numéros suivans, des conséquences de notre article ; — n. 636, les effets de la compensation.
		n. 637	— Voyez n. 639, si, lorsque le débiteur a payé malgré la compensation, il y a lieu à l'action appelée *condictio indebiti*.
1291	*id*	n. 232	
		n. 624	
		n. 626	
		n. 627	
		n. 628	— Voyez n. 634, si on peut opposer en compensation le sort principal d'une rente constituée.
1292	*id.*	n. 232	
		n. 627	
1293	*id.*	n. 625	— Commentaire de notre article, notamment des alinéa 2 et 3.
id. 2°	Contrat de dépot.	n. 59 alinéa 3.	
1294	Des obligations.	n. 631	

Articles du Code civil.	Traités de Pothier.	Numéro ou Page du Traité.	Observations.
1295	Des obligations.	n. 632 *in med.*	
id.	Contr. de vente.	n. 559 *in f.*	
1296	Des obligations.	n. 633	
1297	*id.*	n. 638	
1299	*id.*	n. 640 *in f.*	— L'espèce de Pothier repose sur le même principe que celle supposée par le code.
1300	*id.*	n. 642 / n. 643	— Pothier explique les cas dans lesquels notre article reçoit application.
1301 alinéa 1	*id.*	n. 380 / n. 644 / n. 645	
1302	*id.*	n. 649 / n. 650	— Dans ces numéros, Pothier expose les principes généraux sur l'extinction des obligations par la perte de la chose due.
		n. 656	— Voyez n. 651 et suivans, des cas où l'obligation s'éteint même lorsque la chose qui étoit due existe et peut encore être l'objet d'une obligation.

Articles du Code civil.	Traités de Pothier.	Numéro ou Page du Traité.	Observations.
		n. 657	
		n. 660	
		n. 661	
		n. 662	
		n. 663	
		n. 664	
		n. 668	— Dans ce numéro Pothier éclaircit par des exemples tout ce qui a rapport à la clause par laquelle le débiteur se seroit chargé des cas fortuits.
id.	Contr. de vente.	n. 56	
		n. 58	— Interprétation des mots de l'article 1302 : *dans le cas où la chose fut également périe chez le créancier.* — Voyez n⁰ 59 le cas où la chose vendue a été mise hors du commerce. — n⁰ 60, le cas où le vendeur a perdu depuis le contrat la possession de la chose vendue. Le second alinéa de ce numéro reçoit application dans notre droit. Voyez ce qui concerne la garantie.
1303	Des obligations.	n. 670	— Voyez le numéro précédent pour le cas où la chose due n'est périe qu'en partie.

Articles du Code civil.	Traités de Pothier.	Numéro ou Page du Traité.	Observations.
id.	Contr. de vente.	n. 57	
		n. 59	
1304	Successions.	p. 595 *in f.*	
1305	Des obligations.	n. 40	
		n. 41	
1311	Hypothèque.	p. 134 *in f.*	— Pothier examine la question de savoir, si, lorsqu'un mineur a contracté quelqu'engagement par acte devant notaire, sous l'hypothèque de ses biens et qu'il le ratifie en majorité, le créancier a hypothèque du jour de l'acte ou seulement du jour de la ratification.
1315	Des obligations.	n. 729	
1317	*id.*	n. 731	
1318	*id.*	n. 734	
1319	*id.*	n. 735 *in princ.*	—L'acte authentique prouve contre le tiers *rem ipsam*, voyez numéros 739-740; on y voit aussi l'explication de cette règle, *in antiquis enuntiativa probant.*
		n. 736	
1320	*id.*	n. 737	
		n. 738	

Articles du Code civil.	Traités de Pothier.	Numéro ou Page du Traité.	Observations.
1322	Des obligations.	n. 743	— Voyez l'article 193 du code de procédure civile.
1323	id.	n. 743	— Il n'est pas nécessaire de faire statuer préalablement sur la reconnoissance de l'acte, on peut aujourd'hui diriger l'action, sauf à vuider l'incident s'il est élevé.
1326	id.	n. 745	
1327	id.	n. 746 n. 747	
1328	id.	n. 750	— Ils prouvent contre les tiers *rem ipsam*.
1329	id.	n. 754	— La semi - preuve dont parle Pothier nous paroît exister dans notre code, puisqu'on admettroit le serment. On peut dire, d'après la construction de notre article, que les registres des marchands font preuve au moins contre les marchands. Pothier n'y voit pas une preuve entière.
1330	id.	n. 758	
1331	id.	n. 759	
1332	id.	n. 759 *in f.*	

Articles du Code civil.	Traités de Pothier.	Numéro ou Page du Traité.	Observations.
		n. 761	
		n. 762	
1333	Des obligations.	n. 765	
1334	id.	n. 766	
1335	id.	n. 767	
		n. 771	
		n. 772	
		n. 775	
		n. 776	
1336	id.	n. 773	— Comme il n'y a plus de registre d'insinuation, il faudroit dire la donation transcrite au bureau des hypothèques. Notre article exige plus de conditions que Pothier, pour l'admission de la preuve testimoniale.
1337	id.	n. 778	
1341	id.	n. 785	— Différence entre la quantité de la somme, d'après le code il faut 150 fr.
		n. 786	— Dans ce numéro Pothier donne l'explication du mot *choses* qui se trouve dans notre article.

Articles du Code civil.	Traités de Pothier.	Numéro ou Page du Traité.	Observations.
		n. 793	—Voyez numéros 795-796-797, développemens de cette proposition : *la preuve testimoniale n'est point admise contre et outre le contenu aux actes.* —n° 794, Pothier éclaircit par des exemples la disposition de l'ordonnance corrélative à celle du code, savoir : qu'on ne peut admettre la preuve testimoniale sur ce qui seroit allégué avoir été dit *avant, lors ou dépuis les actes.* —n° 798, la preuve testimoniale ne seroit point admise même lorsqu'il s'agiroit d'une somme moindre de 150 fr. —n° 799, ce n'est pas prouver contre et outre le contenu que d'offrir de prouver par témoins qu'on a payé le montant d'un billet présenté. Pothier insiste ici contre un abus que l'usage avoit introduit de son temps. —n° 800, les motifs qui ont déterminé la disposition de l'ordonnance, et qui sont les mêmes que ceux de notre article, indiquent que la disposition cesse d'être applicable lorsque l'on veut prouver que l'acte est le résultat du dol, de la violence, etc. —n° 801, la disposition ne s'appliqueroit pas davantage aux personnes qui n'auroient point été parties dans les actes.

Articles du Code civil.	Traités de Pothier.	Numéro ou Page du Traité.	Observations.
1343	Des obligations.	n. 789	
1344	id.	n. 790	
1345	id.	n. 792	
1347	id.	n. 802	— Ce que c'est qu'un commencement de preuve par écrit ; différens exemples. Voyez n. 803, 804, 805, 806.
		n. 807	
		n. 808	
		n. 809	
1348	id.	n. 785	
		n. 787	
		n. 810	— Application du principe, que celui qui n'a pu se procurer une preuve littérale doit être admis à la preuve testimoniale.
		n. 811	
		n. 812	
		n. 813	
		n. 814	
		n. 815	
		n. 816	— Application du principe, que celui qui a perdu par un cas fortuit la preuve littérale, doit être admis à la preuve testimoniale.

Articles du Code civil.	Traités de Pothier.	Numéro ou Page du Traité.	Observations.
1349	Des obligations.	n. 840	
1350	id.	n. 676	
1351	id.	n. 851	—Pothier, dans une section particulière, traite de *l'autorité de la chose jugée.* Nous y renvoyons pour les développemens. — Voyez n. 851, ce que que l'on doit entendre par *jugement ayant autorité de chose jugée.* — n. 852, les trois cas dans lesquels, selon l'ordonnance de 1667, les jugemens définitifs avoient *autorité de chose jugée.* Ces trois cas sont développés depuis le n. 853 jusqu'à 865 inclusivement. — n. 866, distinction entre les jugemens nuls et les jugemens iniques, relativement à *l'autorité de la chose jugée.* Voyez n. 867 jusqu'à 884 inclusivement, ce qui peut rendre un jugement nul. — n. 886, quelle est la force d'un jugement qui a acquis *autorité de chose jugée.* — C'est après tous ces développemens que Pothier arrive aux principes qui se retrouvent dans notre code.
		n. 889	—Chacune des conditions exigées dans l'article 1351 se trouve développée, savoir :

Articles du Code civil.	Traités de Pothier.	Numéro ou Page du Traité.	Observations
			—Première condition depuis le n° 890 jusqu'au n° 894 inclusivement. — Deuxième condition depuis le n° 895 jusqu'au n° 897 inclusivement. — Troisième condition, n° 898. — L'autorité de la chose jugée, dit ensuite Pothier, n'a lieu qu'entre les mêmes parties entre lesquelles le jugement a été rendu, elle ne donne aucun droit ni à des tiers, ni contre des tiers. Cette dernière proposition est développée dans les numéros 900 et suivans jusqu'à 910 inclusivement.
1352	Des obligations.	n. 841	— Avant d'en venir à l'examen des présomptions, Pothier dans le n° 840 indique ce que c'est qu'une présomption, l'étymologie de ce mot, et les différentes sortes de présomptions. — Voyez n° 842 la différence entre les présomptions *juris et de jure*, et les preuves soit littérales, soit vocales.
1355	*id.*	n. 836	— Dans le n. 835, Pothier explique ce que l'on doit entendre par *aveu extrajudiciaire*. — Dans les numéros 837-838-839, Pothier examine par qui l'aveu doit être fait

Articles du Code civil.	Traités du Pothier.	Numéro ou Page du Traité.	Observations.
			pour qu'il ait de la force, et quels en sont les conséquences.
1356	Des obligations.	n. 831	
		n. 832	
		n. 833	— Exemple d'un aveu qui ne peut se diviser.
		n. 834	— Exemple d'une erreur de fait qui donne lieu à la révocation de l'aveu ; dans le même numéro Pothier établit la distinction entre l'erreur de fait et l'erreur de droit.
1357	id.	n. 911	
1358	id.	n. 913	
1359	id.	id.	
1360	id.	n. 914	— La grande question que Pothier examine, savoir : si le serment est non recevable quand il n'y a pas de commencement de preuves, se trouve résolue par l'article 1360. Quoiqu'il en soit, cette question traitée par Pothier facilitera l'interprétation de notre article.

Articles du Code civil.	Traités de Pothier.	Numéro ou Page du Traité.	Observations.
1361	Des obligations.	n. 916	
1362	id.	id.	
1363	id.	n. 676 n. 916	
1364	id.	n. 174 n. 916 in f.	
1365	id.	n. 917 n. 919	
1366	id.	n. 922	— Origine de ce serment, n. 923.
1367	id.	n. 923	— Voyez numéros suivans des développemens sur ce qui est exposé au n. 923.
1368	id.	n. 929	
1369	id.	n. 932	
1370	id.	n. 113	
id. alinéa 2	id.	n. 123	— Principe expliqué par des exemples.
1371	Cout. d'Orléans, introd. générale aux coutumes.	n. 115	

Articles du Code civil.	Traités de Pothier.	Numéro ou Page du Traité.	Observations.
1372	Des obligations.	n. 113	
		n. 115	— Dans ce numéro Pothier établit, que le mineur, l'interdit et la femme mariée peuvent être obligés par quasi-contrat dans certains cas.
1372	Contr. de mandat.	n. 167	— Quelles choses sont requises pour former le quasi contrat *negotiorum gestorum*.
			— Voyez n. 168 et suivans; il faut qu'il y ait une affaire dont la gestion soit la matière du quasi-contrat *negotiorum gestorum*, et qu'il y ait deux personnes dont l'une ait géré l'affaire et dont l'autre soit celle à qui l'affaire appartenoit.
			— n. 175 et suivans; il faut pour le quasi-contrat *negotiorum gestorum*, que celui qui a fait l'affaire de quelqu'un, l'ait faite sans son ordre.
			— n. 180 et suivans; il faut que l'affaire ait été faite à l'insu du propriétaire.
		n. 199	— Des obligations que forme le quasi-contrat *negotiorum gestorum*, et des actions qui en naissent.
		n. 200	— Voyez n. 201 et suivans, ce qui concerne l'administration du *negotiorum gestor*.

Articles du Code civil.	Traités de Pothier.	Numéro ou Page du Traité.	Observations.
		●	— n. 214 et suivans, de l'action *negotiorum gestorum directa*.
1374	Contr. de mandat.	n. 208	
		n. 209	— Développemens sur l'obligation du *negotiorum gestor*.
		n. 210	
		n. 211	
		n. 212	
		n. 213	
1375	id.	n. 185	— Voyez dans ce numéro et les suivans, les cas où il y a lieu à l'action *negotiorum gestorum*.

— n. 192. Voyez pour le cas de l'usufruit l'art. 585 du code civil, qui est contraire à l'opinion de Pothier.

— n. 194. *Quid*, lorsque j'ai fait une affaire que je croyois être l'affaire de Pierre, dans la seule vue de faire l'affaire de Pierre, quoique cette affaire fût la vôtre et ne concernât nullement Pierre ?

— n. 195. *Quid*, lorsque j'ai fait une affaire qui concernoit plusieurs personnes, n'ayant en vue, en la faisant, que de faire l'affaire de l'une d'elle ?

— n. 196. *Quid*, lorsque j'ai fait l'affaire d'une personne, comptant faire son affaire ; mais sans intention de répéter les frais de ma gestion et dans la vue de

Articles du Code civil.	Traités de Pothier.	Numéro ou Page du Traité.	Observations.
			l'en gratifier? Voy. n. 197, 198, des circonstances desquelles on doit induire l'intention de gratifier.
		n. 219	— Voyez les numéros 220 et suivans, quand il y a lieu à cette obligation et à l'action qui en naît. — Voyez les n. 226, 227, 228, sur l'action *contraria negotiorum gestorum*, et quels en sont les objets.
1376	Du prêt de consomption.	n. 132 n. 140	— Pothier présente des développemens très utiles sur ce quasi-contrat et sur l'action *condictio indebiti* à laquelle il donne naissance, n. 132 et suivans.
id.	De la propriété.	n. 228 n. 229	
1377	Des obligations.	n. 113	
id.	De la propriété.	n. 230	
1381	*id.*	n. 343 n. 344 n. 345	— Commentaire.
		n. 350	— Opinion de Cujas conforme à notre code, relativement aux impenses utiles faites par le possesseur de mauvaise foi.

Articles du Code civil.	Traités de Pothier.	Numéro ou Page du Traité.	Observations.
1383	Cout. d'Orléans, introd. génér. aux coutumes.	n. 116	
1384	Des obligations.	n. 121	— Dans les numéros précédens Pothier indique les personnes qui peuvent être obligées par délit ou quasi-délit.
1387	Communauté, introduction.	n. 1 n. 4 n. 6	
1394	id.	n. 11 n. 12	— L'article 194 est fait dans l'intérêt des tiers.
id.	Cout. d'Orléans, introduct. au titre XX.	n. 33 p. 34	
id.	Cout. d'Orléans, titre X.	art. 202	
1395	Communauté, introduction.	n. 18	— La communauté étant de droit commun, en l'absence de tout contrat on doit aujourd'hui raisonner comme le fait Pothier, relativement aux provinces où la communauté étoit aussi de droit commun. — Voyez n. 19, si les parties peuvent se réserver par le contrat la faculté de changer ou de réformer leurs dispositions.

Articles du Code civil.	Traités de Pothier.	Numéro ou Page du Traité.	Observations.
1396	Communauté, Introduction.	n. 13	— Il faut aujourd'hui que les *personnes soient parties dans le contrat.* Le n. 16 de Pothier se rapproche de notre nouvelle législation. Voyez n. 14, ce qu'on entend par contre-lettre.
id.	Cout. d'Orléans, titre XII.	art. 223	— Pothier dit que cet article empêche même les donations ; sous notre code elles sont permises : si le législateur a copié cet article de la coutume d'Orléans, ce n'est pas avec l'extension que lui donne Pothier.
1399	Contr. de mariage.	n. 396	
		n. 397	
id.	Communauté.	n. 22	
		n. 23	
id.	Cout. d'Orléans, introduct. au titre X.	n. 32	— Toute communauté dépend de cette condition *si nuptiæ sequantur.*
1400	Communauté.	n. 10	
1401	id.	n. 24	
		n. 25	
		n. 26	
		n. 102	
		n. 105	

Articles du Code civil.	Traités de Pothier.	Numéro ou Page du Traité.	Observations.
		n. 204	— Pothier explique pour-quoi on a distingué les fruits des autres meubles.
		n. 205	
		n. 206	
		n. 207	
		n. 208	
id.	Cout. d'Orléans, introd. au titre X.	n. 6	
		n. 7	
id.	Cout. d'Orléans, titre X.	art. 186	— Voyez le commentaire de Pothier sur l'article de la coutume d'Orléans.
1401 2°	De la puissance du mari.	n. 90	
id.	Cout. d'Orléans, introduct. au titre X.	n. 23	— Cause pour laquelle les fruits tombent en commu-nauté, indépendante de leur qualité de meuble qui déjà les y fait tomber.
1402	Communauté.	n. 107	
		n. 157	
		n. 203	
id.	Cout. d'Orléans, introduct. au titre X.	n. 8	— Explication sur ce que l'on entend par propres de communauté ; ce ne sont pas seulement ceux possé-dés avant, mais aussi quel-quefois et dans certains cas ceux possédés après le ma-riage.
		n. 9	
		n. 12	

Articles du Code civil.	Traités de Pothier.	Numéro ou Page du Traité.	Observations.
1403	Communauté.	n. 96	
		n. 97	
1404	De la puissance du mari.	n. 82	
id.	Communauté.	n. 140	
		n. 141	
1406	id.	n. 136	
		n. 139	
		n. 627 *in med.*	
1407	id.	n. 197	
1408	id.	n. 145	
		n. 146	
		n. 148	— Le n. 148 explique ces mots de notre article : *ou autrement.*
		n. 149	
		n. 150	
		n. 151	
		n. 152	
		n. 153	
		n. 154	
		n. 155	
1409	Cout. d'Orléans, titre X.	art. 186	— Voyez le commentaire de Pothier sur l'article de la coutume d'Orléans.

Articles du Code civil.	Traités de Pothier,	Numéro ou Page du Traité.	Observations.
1409 1º	Communauté.	n. 233	— Voyez n. 234 et suivans, ce que l'on entend par *dettes mobilières*.
		n. 238	
		n. 239	
id.	Cout. d'Orléans, introduct. au titre X.	n. 24	— Voyez pourquoi les dettes mobilières tombent à la charge de la communauté, et ce que l'on entend par dettes mobilières.
1409 2º	Communauté.	n. 248	
id.	Cout. d'Orléans, introduct. au titre X.	n. 27	
1409 3º	Communauté.	n. 247	
id.	Cout. d'Orléans, introduct. au titre X.	n. 25	
1409 4º	Communauté.	n. 271	
		n. 272	
1409 5º	id.	n. 270	
1410	id.	n. 260	
1411	id.	n. 261	
id.	Successions.	p. 609	

Articles du Code civil.	Traités de Pothier.	Numéro ou Page du Traité.	Observations.
id.	Cout. d'Orléans, introd. au titre XVII.	n. 112	
1412	Communauté.	n. 263	
id.	Cout. d'Orléans, introd. au titre X.	n. 29	
1413	Cout. d'Orléans, introd. au titre X.	n. 29	
1414	Communauté.	n. 265	
		n. 266	
		n. 267	
id.	Cout. d'Orléans, introd. au titre X.	n. 29	
1417	Communauté.	n. 261	
		n. 262	
1419	Cout. d'Orléans, introd. au titre X.	n. 28	
1421	De la puissance du mari.	n. 82	

Articles du Code civil.	Traités de Pothier.	Numéro ou Page du Traité.	Observations.
id.	Communauté.	n. 3	— Remarquez une différence relativement aux aliénations à titre gratuit. Comparez l'article 1422 et le n. 3.
		n. 467	
		n. 468	
		n. 469	
		n. 470	
		n. 471	— Le n. 471 n'est cité que pour ce qui regarde le droit d'hypothéquer ; notre législation diffère sur les aliénations à titre gratuit.
id.	Cout. d'Orléans, introduct. au titre X.	n. 158	
id.	Cout. d'Orléans, titre X.	art. 193	— Nous n'établissons pas de concordance avec l'article 1422 qui parle des donations, parce que le code nous paroît sur ce point plus restreint que la coutume, laquelle semble dire que le mari peut en général disposer à titre gratuit.
1422	Communauté.	n. 472	
		n. 482	
		n. 488	

Articles du Code civil.	Traités de Pothier.	Numéro ou Page du Traité.	Observations.
1423	Communauté.	n. 475	— Voyez différentes inter-
		n. 476	prétations dans les numé-
			ros suivans.
1424	De la puissance du mari.	n. 52	
		n. 66	
id.	Communauté.	n. 248	
id.	Cout. d'Orléans, titre X.	n. 200	
1425	Communauté.	n. 249	
1426	De la puissance du mari.	n. 13	
id.	Communauté.	n. 254	
		n. 255	
		n. 256	
		n. 500	
id.	Cout. d'Orléans, titre X.	art. 201	
1428	De la puissance du mari.	n. 84	
		n. 91	
id.	Communauté.	n. 475	

Articles du Code civil.	Traités de Pothier.	Numéro ou Page du Traité.	Observations.
1428	Cout. d'Orléans, introduct. au titre X.	n. 153	
		n. 154	
		n. 157	
1429	De la puissance du mari.	n. 92	
		n. 93	
1430	Cout. d'Orléans, introduct. au titre X.	n. 156	
1431	Communauté.	n. 499	
1434	id.	n. 198	
1435	id.	n. 199	
		n. 200	
1436	id.	n. 586	
		n. 587	
		n. 588	
1437	id.	n. 250	
		n. 613	— Plusieurs principes généraux sur les récompenses.
		n. 614	
		n. 627	— Récompenses dues à la communauté, des sommes qu'elle a fournies pour les héritages propres de chacun des conjoints. Voyez

Articles du Code civil.	Traités de Pothier.	Numéro ou Page du Traité.	Observations.
			numéros suivans de longs détails sur les récompenses.
		n. 634	— Récompenses dues pour impenses et améliorations sur les immeubles propres. On distingue trois sortes d'impenses, et pour chacune les récompenses ne sont pas les mêmes. Voyez n. 635, 636, 637.
		n. 638	— Ce numéro a rapport au rachat des servitudes.
1437	Cout. d'Orléans, introduct. au titre X.	n. 119	
		n. 121	
		n. 122	
		n. 123	
		n. 124	
		n. 125	
		n. 126	
		n. 127	
1438	Communauté.	n. 649	
		n. 650	
		n. 651	
		n. 652	— Développemens de notre article.
		n. 653	
		n. 654	
		n. 655	
		n. 656	
		n. 657	

Articles du Code civil.	Traités de Pothier.	Numéro ou Page du Traité.	Observations.
		n. 658	
		n. 659	
1439	Communauté.	n. 644	
		n. 648	
		n. 649	
		n. 650	
		n. 651	
		n. 652	
		n. 653	
		n. 654	
		n. 655	
		n. 656	
1441	id.	n. 503	
		n. 504	
		n. 506	
id.	Cout. d'Orléans, introd. au titre X.	n. 87 n. 88	— Pourquoi le mariage se dissout par la mort civile.
1443	Communauté.	n. 510	— Voyez n. 512, si une femme non dotée peut demander la séparation de biens.
		n. 513	
		n. 514	
		n. 517	

Articles du Code civil.	Traités de Pothier.	Numéro ou Page du Traité.	Observations.
id.	Cout. d'Orléans, introd. au titre X.	n. 89	
id.	Cout. d'Orléans, titre X.	art. 198	
154	De la puissance du mari.	n. 18	
id.	Communauté.	n. 518	
id.	Cout. d'Orléans, titre X	art. 198	
445	Communauté.	n. 517	
		n. 521	
449	*id.*	n. 522	
1451	*id.*	n. 523	— Différence importante entre la séparation de biens judiciaire et la séparation de biens contractuelle.
		n. 525	
		n. 527	
		n. 528	
		n. 529	
id.	Cout. d'Orléans, titre X.	art. 199	— Notre code n'admet point la distinction de Pothier sur la dissolution de la communauté par la séparation de corps ou de biens ; il

Articles du Code civil.	Traités de Pothier.	Numéro ou Page du Traité.	Observations.
			faut toujours, pour reconstituer la communauté, un acte notarié.
1452	Communauté.	n. 519	
1453	id.	n. 531	— N'admettez que la première exception du n. 531.
		n. 335	
		n. 550	
		n. 551	
id.	Cout. d'Orléans introduct. au titre X.	n. 90	
		n. 91	
		n. 92	
id.	Cout. d'Orléans, titre X.	art. 204	
1454	Communauté.	n. 537	
		n. 538	
		n. 541	— Voyez n. 544, 545, des exceptions servant de commentaire à notre article.
id.	Cout. d'Orléans, titre X.	art. 204	
1455	Communauté.	n. 536	
		n. 558	
1456	id.	n. 560	

Articles du Code civil.	Traités de Pothier.	Numéro ou Page du Traité.	Observations.
		n. 561	
		n. 562	
		n. 563	
		n. 564	
		n. 565	
		n. 566	
		n. 687	* Nous pensons que, d'après le code, il faut appeler les héritiers en quelque lieu qu'ils se trouvent.
id.	Cout. d'Orléans, introd. au titre X.	art. 204	
1457	Communauté.	n. 553	
		n. 554	
1459	id.	n. 534	
id.	Cout. d'Orléans, introd. au titre X	n. 93	
1460	Communauté.	n. 699 in med.	
1461	id.	n. 533	
		n. 559	
1465	id.	n. 542	
		n. 570	

Articles du Code civil	Traités de Pothier.	Numéro ou Page du Traité.	Observations.
		n. 571	
1467	Communauté.	n. 548	
id.	Cout. d'Orléans, titre X.	art. 186	— Voyez le commentaire ajouté par Pothier.
1468	Communauté.	n. 582	
		n. 583	
1469	id.	n. 641	
id.	Cout. d'Orléans, introduct. au titre X.	n. 130 n. 131	— Notre code ne va pas si loin que Pothier relativement à la dotation d'un enfant commun ; il veut que le mari même récompense la communauté, s'il a doté seul et personnellement l'enfant commun.
1470	Communauté.	n. 585	
		n. 586	
		n. 594	
		n. 595	
		n. 596	
		n. 597	
		n. 598	
		n. 599	
		n. 600	
		n. 601	
		n. 602	

Articles du Code civil.	Traités de Pothier.	Numéro ou Page du Traité.	Observations.
		n. 603	
		n. 604	— Voyez n. 606 et suivans, d'autres créances que chacun des conjoints peut avoir contre la commuauté.
id.	Cout. d'Orléans, introduct. au titre X.	n. 97	— Énumération très détaillée des prélèvemens à faire par chacun des époux ; leur étendue, leurs bornes.
		n. 99	
		n. 100	
		n. 101	
		n. 102	
		n. 103	
		n. 104	
		n. 105	
		n. 106	
		n. 107	
		n. 108	
		n. 109	
		n. 110	
		n. 111	
		n. 112	
		n. 113	
		n. 114	
		n. 115	
		n. 116	
		n. 117	
id.	Cout. d'Orléans, titre X.	art. 192	

Articles du Code civil.	Traités de Pothier.	Numéro ou Page du Traité.	Observations.
1471	Communauté.	n. 701	— Voyez n. 702, le cas où le prélèvement n'a pas été fait avant le partage.
1472	id.	n. 610	— Différence entre le mari et la femme par rapport à leurs reprises.
id.	Cout. d'Orléans, introduct. au titre X.	n 117	
1473	id.	n. 134	
1474	Communauté.	n. 530	
1475	id.	n. 577	— Cas auquel la femme laisse plusieurs héritiers dont les uns acceptent et les autres renoncent. Voyez développemens dans les numéros suivans.
		n. 578	
id.	Cout. d'Orléans, introduct. au titre X.		
1476	Communauté.	n. 711	— Effet du partage des biens de la communauté et de la garantie qu'il produit.
		n. 715	
		n. 716	
		n. 717	

Articles du Code civil.	Traités de Pothier.	Numéro ou Page du Traité.	Observations.
		n. 718	
		n. 719	
		n. 720	
		n. 721	
		n. 722	
		n. 723	
		n. 724	
		n. 725	
1477	Communauté.	n. 690	
1481	*id.*	n. 678	— Ce que l'on doit entendre par deuil.
1482	*id.*	n. 498	
		n. 548	
		n. 726	
id.	Cout. d'Orléans, introduct. au titre X.	n. 135	
id.	Cout. d'Orléans, titre X.	art. 187	— Voyez le commentaire ajouté par Pothier.
1483	Communauté.	n. 726	
		n. 733	
		n. 734	— Du privilège qu'ont la femme ou ses héritiers de n'être tenus des dettes de

Articles du Code civil.	Traités de Pothier.	Numéro ou Page du Traité.	Observations.
			la communauté, que jusqu'à concurrence de ce qu'ils ont amendé.
		n. 735	— En quoi consiste ce privilège, et en quoi il diffère de celui du bénéfice d'inventaire.
		n. 736	
		n. 737	
		n. 738	— Vis-à-vis de quelles personnes et à l'égard de quelles dettes la femme ou ses héritiers ont-ils ce privilège ?
		n. 739	
		n. 740	
		n. 741	
		n. 742	— Sous quelles conditions il est accordé à la femme ou à ses héritiers.
		n. 743	
		n. 744	
		n. 745	
		n. 746	
		n. 747	— Du compte que la femme ou ses héritiers doivent aux créanciers de la communauté, pour jouir de ce privilège.
		n. 748	

Articles du Code civil.	Traités de Pothier.	Numéro ou Page du Traité.	Observations.
		n. 749	
		n. 750	
id.	Cout. d'Orléans, introd. au titre X.	n. 135	
id.	Cout. d'Orléans, titre X.	art. 187	— Voyez le commentaire ajouté par Pothier.
1484	Communauté.	n. 727	— Comment le mari ou les héritiers sont tenus des dettes de la communauté, après sa dissolution.
		n. 728	
		p. 729	
		n. 759	— Des indemnités respectives que les conjoints ont l'un contre l'autre, pour raison des dettes de la communauté. Différence à cet égard entre le mari et la femme ou leurs héritiers.
		p. 760	
		n. 761	
		n. 762	
		n. 763	
		n. 764	
		n. 765	
		n. 766	

Articles du Code civil.	Traités de Pothier.	Numéro ou Page du Traité.	Observations.
		n. 767	
		n. 768	
id.	Cout. d'Orléans, introduct. au titre X.	n. 135 n. 136	
1485	Communauté.	n. 730	
id.	Cout. d'Orléans, introduct. au titre X.	n. 137	— Différence avec le cas où les dettes sont contractées du chef du mari et pendant la communauté.
1486	Communauté.	n. 731	— Comment la femme ou ses héritiers sont tenus des dettes de la communauté envers les créanciers.
id.	Cout. d'Orléans, introduct. au titre X.	n. 138	
1487	Communauté.	n. 732	
id.	Cout. d'Orléans, introduct. au titre X.	n. 138	
1489	Communauté.	n. 751	— L'action hypothécaire pouvant avoir lieu contre chacun des époux, quelle en est la suite ?
id.	Cout. d'Orléans, titre X.	art. 188 art. 189	— Voyez le commentaire ajouté par Pothier.

Articles du Code civil.	Traités de Pothier.	Numéro ou Page du Traité.	Observations.
1491	Communauté.	n. 730 *in f.*	
		n. 733 *in f.*	
		n. 741	
1492	*id.*	n. 568	
		n. 569	
1494	*id.*	n. 573	
		n. 574	
		n. 731	
		n. 732	
id.	Cout. d'Orléans, introduct. au titre X.	n. 94	
id.	Cout. d'Orléans, titre X.	art. 204	
		art. 205	
1495	Communauté.	n. 583	
1500	*id.*	n. 287	— Voyez n. 301 et 302, la différence qui existe entre la communauté légale et la communauté avec clause d'apport.
		n. 315	— Voyez les numéros suivans pour interpréter la convention de réalisation.
		n. 317	
		n. 318	

Articles du Code civil.	Traités de Pothier.	Numéro ou Page du Traité.	Observations.
1501	Communauté.	n. 287	— Voyez n. 288 et suivans, quelles choses peuvent être imputées sur la somme que le conjoint a promis d'apporter à la communauté.
		n. 297	
id.	Cout. d'Orléans, introduct. au titre X.	n. 40	
		n. 45	
1502	Communauté.	n. 297	
id.	Cout. d'Orléans, introduct. au titre X.	n. 45	
1505	Communauté.	n. 3o3	
id.	Cout. d'Orléans, introduct. au titre X.	n. 5o	
		n. 52	
1506	Communauté.	n. 3o5	
id.	Cout. d'Orléaus, introduct. au titre X.	n. 53	— Conséquences de l'ameublissement déterminé dan le cas d'éviction : distinction à cet égard.
1507	Communauté.	n. 307	
		n. 3o8	
		n. 3o9	
1508	id.	n. 3i3	— Notre code prohibe l'aliénation que Pothier autorise.

Articles du Code civil.	Traités de Pothier.	Traités de Pothier.	Observations.
id.	Cout. d'Orléans, introduct. au titre X.	n. 55	
1509	Communauté.	n. 310	
1510	*id.*	n. 351	
		n. 361	
		n. 362	
		n. 363	
		n. 364	
		n. 615	
id.	Cout. d'Orléans, introduct. au titre X.	n. 64	
		n. 66	
		n. 67	
id.	Cout. d'Orléans, titre X.	art. 212	
1511	Communauté.	n. 352	— Pothier, en rapportant l'avis de Lebrun contraire à notre Droit, et en détruisant les objections de cet auteur, donne un commentaire très approfondi de notre article.
id.	Cout. d'Orléans, introduct. au titre X.	n. 65	
1512	Communauté.	n. 360	

Articles du Code civil.	Traités de Pothier.	Numéro ou Page du Traité.	Observations.
1513	Communauté.	n. 365	— Dans les numéros suivans Pothier traite de l'étendue de la garantie de ceux qui se sont portés forts.
id.	Cout. d'Orléans, introduct. au titre X.	n. 84	— Intérêt qu'a la femme à ce que son époux soit franc de dettes ; conséquences de cette clause.
		n. 85	
		n. 86	
1514	Communauté.	n. 379	— Dans tous ces numéros Pothier offre un commentaire très détaillé de notre article 1514. Interprétation des clauses qui peuvent se présenter fréquemment dans la pratique.
		n. 380	
		n. 381	
		n. 382	
		n. 383	
		n. 384	
		n. 385	
		n. 386	
		n. 387	
		n. 388	
		n. 389	
		n. 390	
		n. 391	
		n. 392	— Voyez n. 393 et suivans, pour savoir par qui peut être exercée l'action qui résulte de la convention pour la reprise de l'apport de la femme, soit au profit de la femme, soit au profit de

Articles du Code civil.	Traités de Pothier.	Numéro ou Page du Traité.	Observations.
			ses héritiers compris dans la convention.
		n. 399	
		n. 400	
		n. 401	
		n. 402	
		n. 403	
		n. 404	
		n. 405	
		n. 406	
		n. 407	
		n. 408	
		n. 409	
		n. 410	
		n. 411	
		n. 412	
1514	Cout. d'Orléans, introduct. au titre X.	n. 68	
		n. 69	— La femme mineure qui omettroit de reprendre, seroit-elle restituée contre son omission?
		n. 70	— Interprétation de clauses servant à faire apprécier les restitutions posées par notre article.
		n. 71	— Voyez n. 75, en quoi consiste la reprise, surtout s'il y a aliénation de biens apportés.

9 *

Articles du Code civil.	Traités de Pothier.	Numéro ou Page du Traité.	Observations.
1515	Communauté.	n. 413	
		n. 440	
		n. 441	— Les numéros 442 et suivans indiquent plusieurs manières de constituer le préciput.
		n. 447	
		n. 448	
id.	Cout. d'Orléads, introduct. au titre X.	n. 77	
		n. 79	
1517	Communauté.	n. 443	— Voyez n. 444, espèce particulière.
1518	id.	n. 445	
		n. 519	
1520	id.	n. 449	
1521	id.	id.	
1522	id.	n. 450	
id.	Cout. d'Orléans, introduct. au titre X.	n. 80	
1523	Communauté.	n. 453	
1524	id.	n. 457	

Articles du Code civil.	Traités de Pothier.	Numéro ou Page du Traité	Observations.
		n. 458	
		n. 460	
id.	Cout. d'Orléans, introduct. au titre X.	n. 82	
1529	Communauté.	n. 461	
1530	Cout. d'Orléans, introduct. au titre X.	n. 83	
1531	De la puissance du mari.	n. 97	
id.	Communauté.	n. 462	
		n. 463	
1536	De la puissance du mari.	n. 98	
id.	Communauté.	n. 464	
1537	id.	id.	
1538	id.	id.	
1582	Contr. de vente.	n. 1	— Voyez n. 2, la nature du contrat de vente.
1583	id.	n. 3	
		n. 16	

Articles du Code civil.	Traités de Pothier.	Numéro ou Page du Traité.	Observations.
		n. 31	—Voyez n. 32 et 33, ce qui constitue la convention. — n. 34 et suivans, sur quelles choses doit intervenir le consentement.
		n. 308	
id.	De la propriété.	n. 243	— Le vendeur transfère la propriété telle qu'il l'avoit.
		n. 245 in med.	— *La tradition n'est pas nécessaire pour transférer la propriété*, principe du droit naturel selon Grotius ; et sous l'empire du code, principe du droit civil.
1584	Contr. de vente.		— Voyez n. 446 et suivans, la clause de résolution du contrat de vente appelée *addictio in diem*, ses différens effets et l'action qu'elle produit.
1585	id.	n. 309	— Voyez n. 310, quand la vente est censée faite *per aversionem*, et quand elle est censée faite à la mesure.
1587	id.	n. 311	
1588	id.	n. 265	— Il faut observer que dans notre droit la vente est faite sous une condition suspensive.

Articles du Code civil.	Traités de Pothier.	Numéro ou Page du Traité.	Observations.
1589	Contr. de vente.	n. 477	— Ce que c'est qu'une promesse de vente et quand on est censé l'avoir contractée.
		n. 478	— Voyez n. 430, la question de savoir : si celui qui ayant promis de vendre une certaine chose, refuse d'accomplir sa promesse, peut être obligé précisément à l'accomplir, en faisant ordonner que, faute par lui de passer le contrat de vente qu'il s'est obligé de passer, la sentence vaudra comme contrat de vente, et qu'il sera permis à l'acheteur, en vertu de ladite sentence, de saisir la chose et de s'en faire mettre en possession ?
			— Voyez n. 481 et suivans, les différentes manières dont se font les promesses de vente.
			— n. 490 et suivans, voyez ce qui concerne les promesses d'acheter.
1590	id.	n. 497	— Des arrhes.
		n. 498	
		n. 499	
		n. 500	
		n. 501	
		n. 502	
		n. 503	
		n. 504	

Articles du Code civil.	Traités de Pothier.	Numéro ou Page du Traité.	Observations.
		n. 5o5	— Depuis le n. 5o6, Pothier traite des arrhes qui se donnent après le marché conclu.
1591	Contr. de vente.	n. 17	— Des différentes qualités du prix de la vente.
		n. 18	— De la première qualité du prix.
		n. 19	
		n. 20	
		n. 21	
		n. 22	
		n. 23	— De la seconde qualité du prix.
		n. 29	
		n. 3o	— De la troisième qualité du prix.
1592	id.	n. 24	
		n. 25	
		n. 26	
		n. 27	
		n. 28	
1596	id.	n. 13	
1598	id.	n. 5	
		n. 6	
		n. 10	
		n. 11	

Articles du Code civil	Traités de Pothier.	Numéro ou Page du Traité.	Observations.
1599	Contr. de vente.	n. 7	— Quoique ce numéro paroisse dans les termes en discordance avec notre code, cependant au fond le principe de Pothier seroit applicable chez nous.
1600	id.	n. 526	
		n. 527	
1601	id.	n. 4	
1603	id.	n. 41	— Des engagemens du vendeur qui naissent de la nature du contrat de vente.
		n. 58	— Voyez n. 56, quand l'obligation est éteinte.
1604	id.	n. 49	— Dans quel temps la chose doit être livrée.
		n. 50	— Voyez n. 61, de l'action de mise en possession qui naît de l'obligation de livrer la chose. — n. 62, de la nature de l'action *ex empto*. — n. 68, si l'acheteur, par l'action *ex empto*, peut faire enlever par force la chose vendue.
id.	De la propriété.		— Voyez n. 194, différentes espèces de tradition.

Articles du Code civil.	Traités de Pothier.	Numéro ou Page du Traité.	Observations.
1605	De la propriété.	n. 200	
		n. 201	
1606	Contrat de vente.	n. 45	
		n. 314	
		n. 315	
id.	De la propriété.	n. 195	— De la tradition réelle.
		n. 197	
		n. 199	— De la tradition symbolique.
		n. 202	— Tradition de longue-main.
		n. 206	— Tradition de brève-main.
1607	Contrat de vente.	n. 317	
1608	id.	n. 42	
		n. 43	
		n. 44	
		n. 46	
1609	id.	n. 51	
		n. 52	
1611	id.	n. 49	
		n. 69	

Articles du Code civil.	Traités de Pothier.	Numéro ou Page du Traité.	Observations.
		n. 70	— De quelles espèces de dommages-intérêts le vendeur est-il tenu à défaut de tradition ?
		n. 71	
		n. 72	
		n. 73	
		n. 74	
			— Voyez n. 75, des dommages intérêts qui peuvent être prétendus par le vendeur pour le retard apporté dans la tradition.
			— Voyez n. 76, 77, 78, 79, 80, 81, en quoi consistent ces dommages-intérêts.
1612	Contrat de vente.	n. 63	— Voyez numéros suivans, des développemens de notre principe.
			— n. 64, *quid*, si l'action est divisée par la mort de l'acheteur qui a laissé plusieurs héritiers.
			— n. 65, modification d'équité admise par Pothier, et qui feroit fléchir les principes rigoureux du code civil.
			— n. 66, voyez la question de savoir : si l'acheteur ayant demandé la chose vendue sans offrir d'en payer le prix, et que sur sa demande par une sentence en dernier ressort, le vendeur eût été condamné à la livrer, sans qu'il fût porté par la sentence que c'est à la charge de payer préalablement le

Articles du Code civil.	Traités de Pothier.	Numéro ou Page du Traité.	Observations.
			prix, l'acheteur seroit reçu à poursuivre l'exécution de cette condamnation, sans offrir le paiement du prix ?
		n. 67	
1613	Contrat de vente.	id.	
1614	id.	n. 47.	
1615	id.	id.	— Pothier, dans son commentaire, explique ce que l'on doit entendre par accessoires.
1616	id.	n. 251	— Voyez n. 252, 253, ce qui doit être compris dans la contenance indiquée dans le contrat.
1617	id.	n. 259	
1618	id.	n. 256	
1619	id.	n. 254	
		n. 255	
1623	id.	n. 257	
1626	id.	n. 82	— Voyez n. 83, 84, 85, 86, ce que c'est qu'éviction. — n. 87 et suivans, quelles évictions donnent lieu à la garantie. — n. 98, à qui la chose doit être évincée, pour que l'a-

Articles du Code civil.	Traités de Pothier.	Numéro ou Page du Traité.	Observations.
			cheteur ait l'action de garantie.
			— n. 100, quelle chose doit être évincée.
		n. 102	— De l'action qui naît de l'obligation de garantie. Voyez sur cette action les n. 103 et suivans.
		n. 147	— A quoi doit être condamné le vendeur, lorsque c'est un second acheteur qui est évincé.
		n. 148	
		n. 149	
			— Voyez n. 166, des exceptions de garantie qui naissent de l'obligation de garantie. — Voyez n. 168, 169, 174, 175, 176, 177, 178, 179, 180, 181, les personnes auxquelles l'exception de garantie peut être opposée.
1627	Contr. de vente.	n. 150	— De l'effet qu'ont, par rapport à l'action de garantie, les clauses d'un contrat de vente, par lesquelles le vendeur s'obligeroit, en cas d'éviction, de rendre à l'acheteur le prix, avec une certaine portion du prix en sus.
		n. 151	
		n. 152	

Articles du Code civil.	Traités de Pothier.	Numéro ou Page du Traité.	Observations.
		n. 153	
		n. 182	— De la dérogation à la garantie.
		n. 183	
		n. 184	
1628	Contrat de vente.	n. 185	
1629	*id.*	n. 186	
		n. 187	
1630	*id.*	n. 118	
		n. 119	
		n. 124	— Voyez n. 141, 142, le cas où il n'y a éviction que d'une partie de la chose.
			— Voyez n. 125, 126, 127, 128, les différentes répétitions de l'acheteur contre le vendeur.
		n. 129	— n. 130, développemens.
		n. 131	
		n. 132	— n. 137, desquels dommages-intérêts est tenu le vendeur : voyez aussi la distinction établie aux numéros 138 et 139.
1631	*id.*	n 119	— Voyez n. 140, ce qui doit être restitué lorsqu'il n'y a éviction que pour partie.

Articles du Code civil.	Traités de Pothier.	Numéro ou Page du Traité.	Observations.
			— n. 120 , 121 , les déductions à faire sur le prix que doit restituer le vendeur en cas d'éviction.
1632	Contrat de vente.	n. 122	
1633	id.	n. 133	
1634	id.	n. 134	
		n. 135	
		n. 136	
1636	id.	n. 145	
1638	id.	n. 200	
		n. 202	
1640	id.	n. 95	
		n. 108	— Ce numéro s'applique par induction.
1641	id.	n. 203	— Voyez n. 204, étendue de la garantie. — n. 206 , 207, ce que l'on considère en général comme vices rédhibitoires.
		n. 212	— De la disposition de l'article 1641 naît l'action rédhibitoire dont les développemens se trouvent dans Pothier , n. 215 , 218 et suivans.

Articles du Code civil.	Traités de Pothier.	Numéro ou Page du Traité.	Observations.
1642	Contrat de vente.	n. 208	— Voyez n. 209, modification d'équité.
		n. 210	
1643	id.	n. 211	
		n. 230	— Des fins de non-recevoir contre l'action rédhibitoire.
1644	id.	n. 233	— De l'action *æstimatoria* ou *quantò minoris.*
1645	id.	n. 213	
1646	id.	id.	— Voyez n. 214 un cas dans lequel, selon Pothier, le vendeur même ignorant les vices de la chose vendue, est tenu des dommages-intérêts.
1648	id.	n. 232	
1650	id.	n. 279	
		n. 280	— Voyez n. 291 et suivans les autres obligations de l'acheteur qui naissent de la nature du contrat. — n. 295 et suivans, en quoi consiste le dol qu'un acheteur peut commettre et à quoi l'oblige-t-il. — n. 307, des obligations de l'acheteur qui naissent des clauses particulières du contrat de vente.

Articles du Code civil.	Traités de Pothier.	Numéro ou Page du Traité.	Observations.
1652	Contrat de vente.	n. 284	
		n. 285	
		n. 286	
		n. 287	
		n. 288	
		n. 288	
		n. 289	
		n. 290	
1653	id.	n. 281	
		n. 282	
		n. 283	
1654	id.	n. 476	
1659	id.		—Voyez n. 396, quelle est la nature de l'action que produit le pacte de réméré?
1661	id.	n. 435	
1662	id.	n. 345	
1663	id.	n. 345	
1664	id.	n. 396	
		n. 399	
1668	id.	n. 397	
1669	id.	id.	

Articles du Code civil.	Traités de Pothier.	Numéro ou Page du Traité.	Observations.
1670	Contrat de vente.	n. 397	
1672	*id.*	*id.*	
1673	*id.*	n. 400	— Des prestations réciproques auxquelles sont tenus, en cas de réméré, l'acheteur et le vendeur.
		n. 401	— Dans quel état la chose doit-elle être vendue ?
		n. 402	
		n. 403	
		n. 404	
		n. 405	— Voyez la question de savoir; si l'acheteur, qui en sa qualité de propriétaire de l'héritage, a eu le tiers d'un trésor trouvé dans cet héritage avant la demande en réméré, est obligé de le rendre au vendeur qui exerce le réméré ?
		n. 406	— *Quid* à l'égard des fruits?
		n. 407	— Le contrat de vente en réméré peut-il être déclaré usuraire ?
		n. 408	
		n. 409	
		n. 410	
		n. 411	

Articles du Code civil.	Traités de Pothier.	Numéro ou Page du Traité.	Observations.
		n. 412	— Des prestations dont le vendeur est tenu envers l'acheteur ou ses successeurs.
		n. 413	— Lorsque le vendeur use de la faculté de réméré, il doit rendre le prix du contrat ; doit-on décider la même chose lorsque la faculté de réméré a été accordée au vendeur par une convention postérieure au contrat ?
		n. 414	—Peut-on, par la clause de réméré, convenir que le vendeur, lorsqu'il exercera le réméré, paiera une certaine somme plus forte que celle pour laquelle l'héritage a été vendu ?
		n. 415	— Cas où le vendeur est convenu pouvoir rémérer pour une somme moindre pour laquelle l'héritage a été vendu.
		n. 416	
		n. 417	
		n. 418	
		n. 419	
		n. 420	
		n. 421	
		n. 422	
		n. 423	
		n. 424	

Articles du Code civil.	Traités de Pothier.	Numéro ou Page du Traité.	Observations.
		n. 425	— Cas où le réméré s'exerce contre un tiers détenteur.
		n. 426	
		n. 427	
		n. 428	
		n. 429	— Voyez la question de savoir si l'acheteur qui a acquiescé à la demande de réméré, ou qui sur cette demande a été condamné à délaisser l'héritage, peut contraindre le vendeur à exercer le réméré ?
		n. 430	— De l'effet du réméré.
		n. 431 *in f.*	— Voyez n. 432, 433, le cas où le réméré n'auroit été stipulé que depuis le contrat de vente.
id.	De la propriété.	n. 10	
1674	Des obligations.		— Voyez n. 39, pourquoi, dans la vente des choses mobilières, il n'y a point d'action en rescision pour cause de lésion.
id.	Contr. de vente.	n. 306	— Il faut observer que dans notre Droit, la rescision n'est admise que pour la lésion de plus des sept douzièmes.
		n. 331	— De la résolution du contrat qui se fait pour cause

Articles du Code civil.	Traité de Pothier.	Numéro ou Page du Traité	Observations,
			de lésion énorme dans le prix. — Voyez n. 332 et 333, la nature de l'action rescisoire du vendeur, pour cause de lésion.
		n. 340	
		n. 342	— Voyez n. 349 et suivans, la question de savoir; s'il y a lieu à cette action, lorsque la chose vendue a cessé entièrement d'exister, sans le fait ni la faute de l'acheteur.
1678	Contr. de vente.	n. 345.	
		n. 346	— Conséquence du principe.
		n. 347	
1681	id.		— Voyez n. 336, quel est le juste prix à suppléer.
1682	id.	n. 337	
1684	id.	n. 341	
1685	id.	n. 338	
1686	id.	n. 516	— Voyez n. 638 et suivans, quelques développemens sur les principes des licitations, soit entre cohéritiers, soit entre copropriétaires.
1689	id.	n. 551	— Voyez n. 552, la diffé-

Articles du Code civil.	Traités de Pothier.	Numéro ou Page du Traité.	Observations.
			rence qu'il y a entre le transport cession, et la simple délégation ou indication.
1690	Contrat de vente.	n. 557	
		n. 558	
		n. 559	
id.	De la propriété.	n. 215	
1691	Contrat de vente.	n. 556	
id.	De la propriété.	n. 215 alinéa 3.	
1693	Contrat de vente.	n. 560	
1694	id.	n. 561	— Voyez n. 562, question interprétative. — n. 564 et suivans, de la garantie résultante de la clause de fournir et faire valoir.
1695	id.	n. 563	
1696	id.	n. 101	
		n. 530	
id.	De la propriété.	n. 369	— Différence du cas où l'on a vendu ses droits successifs, de celui où l'on a vendu ses prétentions à telle succession, si aucune il y a.

Articles du Code civil.	Traités de Pothier.	Numéro ou Page du Traité.	Observations.
1697	Contrat de vente.	n. 531	
		n. 532	
		n. 533	
		n. 534	
		n. 535	
		n. 536	
		n. 537	
		n. 538	
		n. 539	
		n. 540	
1698	id.	n. 541	
		n. 542	
		n. 543	
		n. 544	
		n. 545	— Voyez n. 546, la question de savoir, si, depuis la cession, qu'un héritier pour partie a faite à quelqu'un de ses droits successifs, son cohéritier renonce à la succession, la part du renonçant accroît pour le profit comme pour les charges au cédant ou au cessionnaire.
id.	Successions.	n. 608	— Des obligations dont sont tenus ceux qui sont aux droits des héritiers.
		n. 613	
id.	Cout. d'Orléans, introd. au titre XVII.	n. 111	

Articles du Code civil.	Traités de Pothier,	Numéro ou Page du Traité.	Observations.
1699	Contrat de vente.	n. 591	— Développemens tirés du Droit romain.
		n. 592	
		n. 593	
		n. 594	
		n. 595	
		n. 596	
		n. 597	
		n. 598	
		n. 599	
		n. 600	
1700	id.	n. 584	— De la vente des créances litigieuses et autres droits litigieux.
		n. 585	
		n. 586	
		n. 587	
		n. 588	
		n. 589	
		n. 590	
1702	id.	n. 618	
		n. 619	
		n. 620	
		n. 621	
		n. 622	
		n. 623	
		n. 624	
		n. 625	
		n. 626	

Articles du Code civil.	Traités de Pothier.	Numéro ou Page du Traité	Observations.
		n. 627	
		n. 628	
		n. 629	
		n. 63o	
1704	Contrat de vente.	n. 622 *in f.*	
1705	*id.*	n. 623	
		n. 624	
1707	*id.*	n. 621	
		n. 625	
1708	Cout. d'Orléans, introd. au titre XIX.	n. 1	— Voyez n. 3 , la différence qui existe entre le louage et la vente.
1709	Contrat de louage.	n. 1	— Ce que c'est que le contrat de louage des choses et quelle est sa nature. Voyez n. 2 et 3 , en quoi ressemblent et diffèrent le contrat de vente et le contrat de louage.
		n. 22	— De la jouissance ou de l'usage qui doit faire l'objet du contrat de louage.
		n. 23	
		n. 24	
		n. 25	
		n. 26	
		n. 27	— Du temps du louage.
		n. 28	

Articles du Code civil.	Traités de Pothier.	Numéro ou Page du Traité.	Observations.
		n. 32	— Du prix et de ses qualités.
		n. 33	
		n. 34	
		n. 35	
		n. 36	
		n. 37	
		n. 38	
		n. 39	
		n. 40	— Voyez le n. 41, sur le consentement des parties contractantes; n. 42 et suivans, quelles sont les personnes entre lesquelles peut intervenir le contrat de louage; n. 46 et suivans, comment et sur quoi doit intervenir le consentement des parties contractantes.
1709	Contrat de louage.		— Voyez n. 458, le contrat par lequel l'une des parties contractantes s'oblige de donner à l'autre l'usage d'une certaine chose, pour l'usage d'une autre chose que l'autre partie s'oblige réciproquement envers elle de lui accorder.
			— Ce contrat est régi par les mêmes principes que le contrat de louage et produit les mêmes obligations, comme on verra dans les n. 462 et suivans.
			— n. 491, le contrat par lequel l'un des contractans donne ou s'oblige de donner une chose à l'autre

Articles du Code civil.	Traités de Pothier.	Numéro ou Page du Traité.	Observations.
			contractant, pour tenir lieu du loyer d'une autre chose que l'autre contractant s'oblige de son côté de lui donner pour un certain temps.
			— n. 495 et suivans , le contrat par lequel chacun des contractans donne à l'autre un ouvrage à faire et se charge réciproquement d'en faire un autre pour lui.
1709	Cout. d'Orléans , introd. au titre XIX.	n. 1	
1711	*id.*	*id.*	
1713	Contrat de louage.	n. 9	
		n. 10	
		n. 11	
		n. 14	
1714	*id.*		— Voyez n. 376 et suivans, ce qui concerne les baux judiciaires.
			— n. 390 , l'effet des promesses de donner et de prendre à loyer.
1717	*id.*	n. 43	
		n. 280	— Voyez le n. 282 , sur l'obligation du locataire qui a sous-baillé.
		n. 283	

Articles du Code civil.	Traités de Pothier.	Numéro ou Page du Traité.	Observations.
		n. 284	
1719	De la propriété.	n. 154	— Exception au principe que le propriétaire acquiert par droit d'accession les fruits qui naissent de sa chose.
id.	Contrat de louage.	n. 53	
		n. 54	— Etendue de l'obligation de délivrer la chose au locataire. — Voyez n. 55, aux frais de qui doit se faire la tradition. — n. 56 et 57, où doit être faite la tradition. — n. 58, quand la tradition doit être faite, et de l'action qu'a le conducteur, et qui naît de cette obligation. — n. 59 et suivans, ce que c'est que l'action *ex conducto* qu'a le conducteur pour se faire délivrer la chose dont on lui a fait bail, et quelle est la nature de cette action. — n. 62 et 63, contre qui a lieu cette action. — n. 64 et 65, en quel cas il y a lieu à cette action. — n. 66 et suivans, si l'on peut forcer le locateur à livrer la chose, ou s'il y a lieu à des dommages-intérêts en cas d'inexécution de l'obligation. — n. 71 et suivans, *quid?* en cas de retard apporté à l'exécution de l'obligation de délivrer la chose.

Articles du Code civil.	Traités de Pothier.	Numéro ou Page du Traité.	Observations.
			— n. 74, *quid ?* dans le cas où la chose louée, que le locateur offre de délivrer au locataire, ne se trouve pas entière, ou ne se trouve pas au même état qu'elle étoit lors du contrat.
id. 2°	Contrat de louage.	n. 106	
		n. 107	
		n. 108	
id. 3°	id.	n. 74	— Voyez n. 75 et suivans, en quel cas le locateur est censé apporter du trouble à la jouissance du conducteur, et quelle action a le conducteur pour l'en empêcher.
		n. 286	— Voyez n. 277, quel est le droit du conducteur. — n. 278, si le fermier a le droit de jouir de la partie qui, pendant le cours du bail, est accrue par allusion à l'héritage qu'il tient à ferme, sans augmentation de sa ferme. — n. 279, limitation au droit qu'a le conducteur de jouir de toute la chose louée.
id.	Cout. d'Orléans, introd. au titre XIX.	n. 4	— Voyez numéros suivans, de quelles espèces d'éviction le locateur est tenu de garantir le bailleur.

Articles du Code civil.	Traités de Pothier.	Numéro ou Page du Traité.	Observations.
1720	Contrat de louage.	n. 146	
id.	Cout. d'Orléans, introduct. au titre XIX.	n. 11	
1721	Contrat de louage.	n. 109	— Voyez n. 110 et suivans, quels sont les vices que le locateur est obligé de garantir. — n. 116 et suivans, l'action qui naît de la garantie des vices de la chose louée, et l'objet de cette action. — Nonobstant le texte de l'article 1721, nous pensons cependant que la distinction établie dans le n. 120 doit être admise dans notre droit.
id.	Cout. d'Orléans, introduct. au titre XIX.	n. 12	— Notre code paroît rejeter la distinction établie par Pothier.
1722	Contrat de louage.	n. 309	— Voyez n. 310 et suivans les différens cas où le bail se résoud de plein droit avant l'expiration du tems.
1723	id.	n. 75	— Voyez n. 80 l'action qui dans ce cas résulte de l'obligation du bailleur.
id.	Cout. d'Orléans, introduct. au titre XIX.	n. 9	

Articles du Code civil.	Traités de Pothier.	Numéro ou Page du Traité.	Observations.
1724	Contrat de louage.	n. 77	
		n. 78	
		n. 79	
		n. 140	
		n. 141	
		n. 147	
		n. 149	
		n. 150	—Voyez n. 320 et suivans, si le propriétaire lui-même auroit le droit de faire résilier le bail sous le prétexte que sa maison menace ruine.
		n. 325	
id.	Cout. d'Orléans, introduct. au titre XIX.	n. 17	
		n. 18	
1725	Contrat de louage.	n. 81	—Quels sont les troubles de la part des tiers dont le locateur est obligé de garantir le conducteur.
		n. 287	
1726	id.	n. 82	—Voyez n. 83 et suivans des développemens sur les différens troubles qui peuvent donner lieu à l'action en garantie. —n. 90 et suivans, de l'action de garantie qu'a le conducteur qui est troublé dans sa jouissance et de l'objet de cette action.

Articles du Code civil.	Traités de Pothier.	Numéro ou Page du Traité.	Observations.
			— n. 95 et suivans, de l'exception de garantie.
		n. 287	
1728	Contrat de louage.	n. 133	— Voyez n. 134 et suivans, quand le loyer doit être payé. — n. 136 et suivans, où le loyer doit être payé; — n. 138, s'il est dû des intérêts du loyer; et 139 et suivans, des principes généraux à cet égard.
		n. 178	— Des fins de non recevoir que les fermiers ou locataires peuvent opposer. — Si les dernières quittances établissent une présomption de paiement des précédens termes de loyer.
		n. 190	
		n. 192	— Voyez n. 201 et suivans, les obligations du conducteur qui naissent de la bonne foi. — n. 205 et suivans, les obligations qui résultent des clauses particulières du contrat.
id.	Cout. d'Orléans, introduct. au titre XIX.	n. 15	
		n. 23	
		n. 24	

Articles du Code civil.	Traités de Pothier.	Numéro ou Page du Traité.	Observations.
1729	Contrat de louage.	n. 189	
		n. 322	
		n. 323	
		n. 324	
id.	Cout. d'Orléans, introd. au titre XIX.	n. 66 *in f.*	
1730	Contrat de louage.	n. 197	
1731	id.	id.	
id.	Cout. d'Orléans, introduct. au titre XIX.	n. 24	
1732	Contrat de louage.	n. 195	
		n. 196	
		n. 199	
		n. 200	
id.	Cout. d'Orléans, introduct. au titre XIX.	n. 25	
1733	Contrat de louage.	n. 194	
id.	Cout. d'Orléans, introduct. au titre XIX.	n. 26	
1734	Contrat de louage.	n. 194	

Articles du Code civil.	Traités de Pothier.	Numéro ou Page du Traité.	Observations.
1735	Contrat de louage.	n. 193	
1737	id.	n. 3o8	— Voyez numéros 326, 327 et 328 le cas où l'on auroit inséré la condition de s'avertir d'avance. — n. 345 *quid*, si à l'expiration du bail l'une des parties n'est pas capable de consentement ? — n. 347 *quid*, si le locateur a besoin de l'avis d'un conseil ? — n. 348 *quid*, si à l'expiration du bail il y a un héritier qui n'ait pas pris qualité ?
1738	id.	n. 242 n. 243	— Ce que c'est que la tacite reconduction, et en quel cas elle a lieu.
id.	Cout. d'Orléans, introduct. au titre XIX.	n. 75 n. 79	— Au lieu de limiter le tems à un an, appliquez les principes du bail verbal.
1739	Contrat de louage.	n. 344	
1741	id.	n. 3o9	— Voyez n. 31o et suivans, les différens cas où le bail se résoud de plein droit avant l'expiration du tems.
1742	id.	n. 280 n. 317	
1752	id	n. 2o4 n. 318	

Articles du Code civil.	Traités de Pothier.	Numéro ou Page du Traité.	Observations.
id.	Cout. d'Orléans, introduct. au titre XIX.	n. 27 n. 65	
1754	Contrat de louage.	n. 219 n. 220 n. 221 n. 222 n. 223 n. 224 n. 225	
1755	*id.*	n. 219	
1758	*id.*	n. 29 n. 30	
1759	*id.*	n. 359 n. 363	
1765	*id.*	n. 132	— Voyez ce qui a été dit aux articles 1617, 1618 et 1619 du Code civil.
1766	*id.*	n. 204 n. 318	
id.	Cout. d'Orléans, introduct. au titre XIX.	n. 27	
1768	Contrat de louage.	n. 191	

Articles du Code civil.	Traités de Pothier.	Numéro ou Page du Traité.	Observations.
1769	Contrat de louage.	n. 153	
		n. 154	— Quelles choses doivent concourir pour qu'il y ait lieu à la remise du loyer.
		n. 156	
		n. 157	
		n. 158	
		n. 159	
		n. 160	— Voyez dans ce numéro quand la stérilité extraordinaire d'une année pour laquelle on a demandé remise du fermage, doit être censée compensée par la fertilité des autres années.
		n. 161	
		n. 162	
		n. 163	
		n. 164	
1769	Cout. d'Orléans, introduct. au titre XIX.	n. 19	
		n. 20	
1771	Contrat de louage.	n. 155	
		n. 164	
id.	Cout. d'Orléans, introduct. au titre XIX.	n. 20	
1772	Contrat de louage.	n. 178	

Articles du Code civil.	Traités de Pothier.	Numéro ou Page du Traité.	Observations.
id.	Cout. d'Orléans, introduct. au titre XIX.	n. 22	
1774	Contrat de louage.	n. 28	
1776	*id.*	n. 252	
		n. 36o	
1780	*id.*		—Voyez n. 165 et suivans, dans quel cas le maître doit être déchargé de la totalité ou partie du prix, lorsque les services ne lui ont pas été rendus.
1787	*id.*	n. 392	—Voyez n. 393 et suivans, de la nature du contrat de louage d'ouvrage et des trois choses requises pour former le contrat. — n. 404 et suivans, des obligations du locateur qui naissent de la nature du contrat de louage. — Voyez n. 418 et suivans, quelles sont les obligations du conducteur.
1788	*id.*	n. 425	
		n. 426	
1791	*id.*	n. 436	
		n. 437	
1792	*id.*	n. 434	
		n. 435	

Articles du Code civil.	Traités de Pothier.	Numéro ou Page du Traité.	Observations.
1794	Contrat de louage.	n. 440	
		n. 441	
		n. 442	
		n. 443	
1796	*id.*	n. 456	
1797	*id.*	n. 428	
1801	Cheptels.	n. 1	
1802	*id.*	n. 21	
1804	*id.*	n. 1	
		n. 2	
		n. 53	
1805	*id.*	n. 5	
1806	*id.*	n. 35	
1808	*id.*	n. 52	
1810	*id.*	*id.*	
1811	*id.*	n. 1	
		n. 24	
		n. 25	
		n. 26	
		n. 27	

Articles du Code civil.	Traités de Pothier.	Numéro ou Page du Traité.	Observations.
1812	Cheptels.	n. 36	
		n. 37	
1814	id.	n. 38	
		n. 39	
1815	id.	n. 3o	
1816	id.	n. 31	
1818	id.	n. 1	
		n. 57	
1819	id.	n. 58	
1820	id.	n. 6o	
		n. 61	
		n. 62	
		n. 63	
		n. 64	
1821	id.	n. 65	
1822	id.	n. 66	
1823	id.	n. 69	
1826	id.	n. 67	
1831	id.	n. 71	---- Développemens sur cette espèce de cheptel.

Articles du Code civil.	Traités de Pothier.	Numéro ou Page du Traité.	Observations.
1832.	Contr. de société.	n. 1	—Voyez numéros suivans, la nature du contrat de société; —n. 181 et suivans, le quasi-contrat de communauté.
1833	id.	n. 8	
		n. 9	
		n. 10	
		n. 11	
		n. 14	
1834	id.	n. 80	
		n. 81	
		n. 83	
1835	id.	n. 28	
1836	id.	id.	—On voit par les explications données dans les numéros suivans, que ce que le code entend par *société universelle*, n'est pas la société *universorum bonorum* expliquée par Pothier; elle en diffère en ce que les biens à venir ne peuvent entrer dans la société que pour la jouissance.
1838	id.	n. 43	
		n. 44	—Voyez numéros suivans, développemens du principe.

Articles du Code civil.	Traités de Pothier.	Numéro ou Page du Traité.	Observations.
1839	Contr. de société.	n. 43	
1841	id.	n. 54	
1842	id.	n. 54	— Voyez le n. 55.
1843	id.	n. 64	
1844	id.	n. 65	
1845	id.	n. 110	
		n. 113	— Voyez n. 134 et suivans.
1847	id.	n. 120	— Voyez n. 118, le cas où l'un des associés a perçu quelque chose du fonds commun.
1848	id.	n. 121	
1849	id.	n. 122	
1850	id.	n. 124	
		n. 125	
1852	id.	n. 127	
		n. 128	— Voyez le n. 134 et suivans sur l'action *pro socio*.
1853	id.	n. 15	— Voyez n. 17, exception au principe, et n. 18.
		n. 73	
1854	id.	n. 74	

Articles du Code civil.	Traités de Pothier.	Numéro ou Page du Traité.	Observations.
1855	Contr. de société.	n. 12	
1856	id.	n. 66	
		n. 69	
		n. 71	
1857	id.	n. 72	
1858	id.	id.	
1859	Des obligations.	n. 83	— Distinction importante servant à faire connoître si l'engagement a été contracté pour obliger la société ou pour ne pas l'obliger.
id.	Contr. de société.	n. 34	
		n. 85	
		n. 86	
		n. 87	
		n. 90	
		n. 133	
1860	id.	n. 89	
1861	id.	n. 91	— Voyez numéros 92 et 93 conséquences du principe.
		n. 95	
1862	id.	n. 98	
		n. 100	
		n. 103	

Articles du Code civil.	Traités de Pothier.	Numéro ou Page du Traité.	Observations.
1863	Contr. de société.	n. 104	
1864	id.	n. 105	
1865	id.	n. 138	— Pothier donne des développemens sur chaque cause d'extinction de la société.
		n. 139	
		n. 140	
		n. 144	
		n. 147	
		n. 148	
		n. 149	— Voyez n. 155 et suivans, les effets de la dissolution et le partage qui en est la suite.
1866	id.	n. 139	
1868	id.	n. 144	
		n. 145	
1869	id.	n. 149	
		n. 150	
		n. 151	
		n. 153	
1870	id.	n. 150	
		n. 151	
1871	id.	n. 152	
1875	Du prêt à usage.	n. 1	

Articles du Code civil.	Traités de Pothier.	Numéro ou Page du Traité.	Observations
		n. 2	
		n. 4	— Voyez n. 5 et suivans, à quelle classe de contrats appartient le contrat de prêt.
		n. 23	
		n. 24	
		n. 29	— Voyez n. 65 et suivans, l'action directe que la loi donne au prêteur contre l'emprunteur, et développemens de cette action. Voyez n. 75 l'action contraire.
1876	Du prêt à usage.	n. 3	
1877	id.	n. 4	
1878	id.	n. 14	
		n. 17	
1879	id.	n. 65	
1880	id.	n. 21	
		n. 22	
		n. 24	
		n. 48	
		n. 69	
1881	id.	n. 58	
		n. 60	
1882	id.	n. 56	

Articles du Code civil.	Traités de Pothier.	Numéro ou Page du Traité.	Observations.
1883	Du prêt à usage.	n. 62	— Nous indiquons ce numéro quoique l'opinion de Pothier soit contraire à notre article, parce qu'on y trouvera une discussion étendue sur la question que notre code a tranchée.
1884	id.	n. 38	
		n. 39	
1885	id.	n. 44	
1888	id.	n. 20	
		n. 76	
		n. 77	
1889	id.	n. 25	— Voyez numéros 26 et 27.
1890	id.	n. 43	
		n. 81	
1891	id.	n. 84	
1892	Du prêt de consomption.	n. 1	
		n. 2	
		n. 3	
		n. 13	
		n. 14	
		n. 22	
		n. 30	

Articles du Code civil.	Traités de Pothier.	Numéro ou Page du Traité.	Observations.
1893	Du prêt de consomption.	n. 4	
		n. 50	
1895	id.	n. 35	
		n. 36	
1897	id.	n. 15	
1898	id.	n. 51	
		n. 52	
1899	id.	n. 47	
1900	id.	n. 48	
1902	id.	n. 27	
		n. 28	
		n. 39	
1903	id.	n. 40	
1909	Constitution de rente.	n. 1	—Voyez n. 2 et suivans, la nature du contrat de constitution de rente.
		n. 28	—En quoi doivent être constituées les rentes, et quel doit être le prix de la constitution.
		n. 29	
		n. 30	
		n. 31	
		n. 32	
		n. 33	

Articles du Code civil.	Traités de Pothier.	Numéro ou Page du Traité.	Observations.
		n. 34	
		n. 35	
		n. 36	
		n. 37	
		n. 38	
		n. 39	
		n. 40	
		n. 41	
		n. 42	
		n. 43	— Voyez n. 45 le cas où le sort principal est exigible pour partie. Pothier dit que le contrat de constitution de rente seroit nul pour partie, mais dans notre droit il vaudroit comme prêt à intérêt.
			— numéros 56 et suivans, quelles personnes peuvent constituer une rente.
			— n. 59, aux frais de qui doit être fait le contrat de constitution.
			— n. 61, de la clause de passer acte devant notaires.
			— n. 65, de la clause de faire emploi, de donner caution ou autres sûretés pour la rente.
			— n. 76, de la clause de délégation.
			— numéros 85, 86, 87 des clauses de payer par demi terme ou d'avance.
			— n. 88 et suivans, voyez quelques clauses particulières.

Articles du Code civil.	Traités de Pothier.	Numéro ou Page du Traité.	Observations.
		n. 107	—Voyez n. 100 et suivans de l'interprétation de ce qui peut se trouver d'ambigu dans le contrat de constitution de rente.
		n. 108	
		n. 115	—n. 120, le droit de rente constituée est divisible. —n. 121 et suivans, voyez ce qui concerne la prestation des arrérages.
1909	Constitution de rente.		—Voyez n. 147 et suivans, comment s'établit le droit de rente constituée.
1911	*id.*	n. 51	—Appliquez au troisième alinéa du n. 51 l'observation faite au n. 43 sur l'art. 1909. —Voyez n. 92 et suivans, des pactes qui concernent le rachat.
		n. 174	—Des différentes manières dont s'éteignent les rentes constituées.
		n. 175	—Du rachat des rentes constituées. —Voyez n. 176 et suivans par qui le rachat peut être fait. —n. 182 et suivans, à qui le rachat de la rente doit être fait. —n. 189 et suivans, si le créancier peut être obligé à souffrir le rachat pour partie?

Articles du Code civil.	Traités de Pothier.	Numéro ou Page du Traité.	Observations.
		n. 193	— De l'effet du rachat partiel.
			— Voyez n. 196 et suivans, ce qui est requis pour être reçu au rachat de la rente.
			— n. 200 et suivans, les différentes espèces de rachat ; 1° par le remboursement ou paiement réel du principal ; 2° par consignation ; 3° par compensation.
1912	Constitution de rente.	n. 48	
1913	id.	n. 192	
1915	Contr. de dépot.	n. 1	— Distinction et étymologie du mot dépôt.
		n. 82	— Pothier distingue le véritable dépôt du dépôt irrégulier.
		n. 83	
1916	id.	n. 1 alinéa 5.	
1917	id.	n. 13	— Voyez numéros 18, 19, 21 à quelle classe de contrat on doit rapporter le contrat de dépôt.
1918	id.	n. 2	
		n. 3	
		n. 4	
1919	id.	n. 6 inf.	

Articles du Code civil.	Traités de Pothier.	Numéro ou Page du Traité.	Observations.
		n. 7	
		n. 8	—Voyez numéros 9, 10, 11, 12, quelle doit être la principale fin pour laquelle se fait la tradition.
1921	Contr. de dépôt.	n. 14	
		n. 15	
		n. 16	
		n. 17	
		n. 18	
1925	*id.*	n. 5	
		n. 6	
1926	*id.*	n. 6	
1927	*id.*	n. 22	
		n. 23	—Voyez numéros 24, 25, 26, 27, 28, développemens sur la fidélité à garder le dépôt, et sur les fautes dont seroit ou ne seroit pas tenu le dépositaire.
1928	*id.*	n. 30	
		n. 31	
		n. 32	
1929	*id.*	n. 29	
		n. 33	
1930	*id.*	n. 34	

Articles du Code civil.	Traités de Pothier.	Numéro ou Page du Traité.	Observations.
		n. 35	
		n. 36	— Ce que l'on doit entendre par permission présumée.
		n. 37	
1931	Contr. de dépot.	n 38	
		n. 39	
1932	*id.*	n. 40	— Voyez n. 41 qui doit être cru sur la qualité de la chose donnée en dépot, s'il n'y a pas eu d'écrit.
1933	*id.*	n. 42	
1934	*id.*	n. 43	
		n. 44	
		n. 45	
1935	*id.*	n. 46	
1936	*id.*	n. 47	
		n. 48	
		n. 68	
1937	*id.*	n. 49	
		n. 53	—Voyez numéros 60 et 62, l'action *depositi directa.* — n. 61, l'action utile *depositi.* — n. 63, contre qui cette action peut être intentée. — n. 64, 65, 66, 67 et 68,

Articles du Code civil.	Traités de Pothier.	Numéro ou Page du Traité.	Observations.
			des développemens de l'article 1937 relativement à l'action à exercer de la part du propriétaire.
1938	Contr. de dépot.	n. 51	
1939	id.	n. 54	
		n. 55	
1940	id.	n. 52	
1941	id.	n. 50	
1942	id.	n. 56	
1943	id.	n. 57	
1944	id.	n. 58	—Voyez n. 59 pour quelles causes la restitution doit être retardée.
1946	id.	n. 4	
		n. 67	
1947	id.	n. 69	
		n. 70	
		n. 71	
		n. 72	
		n. 73	
		n. 74	

Articles du Code civil.	Traités de Pothier.	Numéro ou Page du Traité.	Observations.
1948	Contr. de dépot.	n. 59 *alinéa* 3.	
		n. 74	
1949	*id.*	n. 75	
1950	*id.*	n. 76	
		n. 81	
1952	*id.*	n. 77	
1953	*id.*	n. 78	— Voyez les numéros 79 et 80 pour connoître comment se forme le contrat.
1954	*id.*	*id.*	
1955	*id.*	n. 84	
1956	*id.*	n. 85	— Différence entre le dépôt ordinaire et le sequestre conventionnel.
		n. 86	
1957	*id.*	n. 90	
1958	*id.*	n. 89	
1959	*id.*	n. 87	— Différence du sequestre avec le dépôt.
1960	*id.*	n. 88	— *id.*
1961	*id.*	n. 90 *in f.*	

Articles du Code civil.	Traités de Pothier.	Numéro ou Page du Traité.	Observations.
		n. 98	
1962	Contrat de dépot.	n. 91	
		n. 92	
		n. 93	
1963	*id.*	n. 95	
		n. 96	
1964	Contrat de jeu.	n. 1	
1966	*id.*	n. 49	
		n. 5i	
1967	*id.*	n. 26	— De la fidélité que les joueurs doivent apporter.
		n. 53	
		n. 58	
1968	Contrat de constitution de rente.	n. 215	— Voyez n. 216 et suivans de la nature du contrat de rente viagère, et en quoi il diffère du contrat de constitution de rente perpétuelle. — numéros 233-234 de la différence du contrat de constitution de rente viagère, et du contrat de constitution de rente perpétuelle, sur les conditions requises pour la validité du contrat. — numéros 243-244-245-

Articles du Code civil.	Traités de Pothier.	Numéro ou Page du Traité.	Observations.
			246-247, dans quelles formes se passent les contrats de constitution de rente viagère, et des différentes clauses qui peuvent y être apposées.
			— n. 249 et suivans, de la nature des rentes viagères.
1969	Contrat de constitution de rente.	n. 215	
1970	id.	n. 239	
		n. 240	
		n. 241	
		n. 242	
1971	id.	n. 226	
1972	id.	n. 223	
1974	id.	n. 224	
1975	id.	n. 225	
1976	id.	n. 230	
		n. 234	
1977	id.	n. 228	
		n. 229	
1978	id.	n. 227	
		n. 231	

Articles du Code civil.	Traités de Pothier.	Numéro ou Page du Traité.	Observations.
1980	Contrat de constitution de rente.	n. 255	
1981	*id.*	n. 252	
1982	*id.*	n. 256	
1983	Des obligations.	n. 674 *in f.*	
id.	Contrat de constitution de rente.	n. 257	
1984	Des obligations.	n. 74	
id.	Contr. de mandat.	n. 1	— Voyez numéros 2, 3, 4, à quelle classe de contrats appartient le contrat de mandat.
			— n. 5 et suivans, ce qui est de l'essence du contrat de mandat, et quelles affaires peuvent être la matière de ce contrat.
			— n. 18 de la volonté que doivent avoir le mandat et le mandataire de s'obliger l'un envers l'autre.
			— n. 19, la différence entre le mandat et la simple recommandation.
			— n. 20, 21, ce qui distingue le mandat du conseil.
		n. 31	

Articles du Code civil.	Traités de Pothier.	Numéro ou Page du Traité.	Observations.
id.	De la propriété.	n. 257	
1985	Contr. de mandat.	n. 28	
		n. 29	
		n. 30	
		n. 31	
		n. 32	—Exemples d'acceptation tacite.
		n. 33	— *id.*
		n. 34	
		n. 35	
1986	*id.*	n. 22	
		n. 23	— Eu quoi peut consister la *convention contraire.*
		n. 24	— Voyez numéros 26 et 27, exceptions au principe.
1987	*id.*	n. 123	—Voyez n. 144 et suivans, ce qui concerne le procureur *omnium bonorum.*
1988	*id.*	n. 148	
		n. 149	
		n. 150	
		n. 151	
		n. 152	
		n. 153	
		n. 154	

Articles du Code civil.	Traités de Pothier.	Numéro ou Page du Traité.	Observations.
		n. 155	
		n. 156	
		n. 157	
		n. 158	
		n. 159	
		n. 160	
		n. 161	
		n. 162	
		n. 163	
		n. 164	
		n. 165	
		n. 166	
1991	Contr. de mandat.	n. 37	
		n. 38	—Voyez numéros 39, 40, 41, 42, 43, 45, les justes causes survenues depuis le contrat, et qui déchargent le mandataire de l'obligation de l'exécuter.
		n. 44	
1992	id.	n. 46	
		n. 47	
		n. 48	
		n. 49	—Voyez n. 50, si le mandataire est tenu des cas fortuits et des accidens de force majeure.

Articles du Code civil.	Traités de Pothier.	Numéro ou Page du Traité.	Observations.
1993	Contr. de mandat.	n. 51	— n. 52, Pothier examine la question de savoir; si un mandataire peut compenser ce qu'il doit pour le dommage, avec les avantages qu'il a procurés au mandant dans les autres affaires. — Voyez numéros 53, 54, 55, 56, 57 des développemens sur le compte à rendre. — Voyez n. 61 l'action qui naît des obligations du mandataire; n. 63 contre qui peut être intentée cette action. — n. 64, par qui peut être intentée l'action *mandati directa*. — n. 66, si le mandant a une hypothèque sur les biens du mandataire pour cette action.
1996	*id.*	n. 56	
1998	Des obligations.	n. 76 p. 77 n. 78	— Après avoir posé dans le dernier numéro, le principe de notre code, Pothier indique le cas où sans ratification tacite ni expresse le mandant est cependant obligé, quoique le mandataire ait contracté au-delà de son mandat. — Interprétation de ces mots de notre article: *de ce qui a pu être fait au-delà*. — Voyez n. 79, commentaire de ces mots, *conformément au pouvoir*, etc.

Articles du Code civil.	Traités de Pothier.	Numéro ou Page du Traité.	Observations.
id.	Contr. de mandat.	n. 80	
		n. 81	
		n. 87	
		n. 88	
		n. 89	
		n. 90	— Quand le mandataire est-il censé s'être renfermé dans les bornes du mandat, et quand paroît-il en être sorti ?
			— Voyez n. 91 le cas où le mandataire à fait précisément la même affaire portée par le mandat, sans que le mandant lui eût prescrit aucune condition d'ont il se soit écarté.
			— n. 92, le cas où le mandataire a fait précisément la même affaire dont il a été chargé par le mandat, à des conditions plus avantageuses que celles prescrites par le mandat.
			— Numéros 93, 94, le cas où le mandataire a fait l'affaire dont il a été chargé, mais à des conditions plus dures que celles qui lui ont été prescrites par le mandat.
			— n. 95, le cas où le mandataire a fait une partie de ce qui est porté par le mandat.
			— n. 96, le cas où le mandataire a fait ce dont il était chargé par le mandat et quelque chose de plus.

Articles du Code civil.	Traités de Pothier.	Numéro ou Page du Traité.	Observations.
			—n. 97, le cas où le mandataire a fait une autre affaire que celle portée par le mandat.
			—n. 98, lorsqu'une affaire peut se faire également de deux ou plusieurs manières différentes.
			—n. 99, le cas où le mandataire a fait non par lui-même, mais par une personne qu'il s'est substituée, l'affaire dont il était chargé, quoiqu'il n'eut pas le pouvoir de substituer un autre pour la faire.
1999	Des obligations.		—Voyez n. 447 et suivans, de l'obligation de ceux qu'on appelle *mandatores pecuniæ credendæ*. Différence entre le mandant et le fidéjusseur.
id.	Contr. de mandat.	n. 53	
		n. 67	
		n. 68	
		n. 69	—Il faut que le mandataire ait déboursé quelquechose.
		n. 70	
		n. 71	
		n. 72	
		n. 73	
		n. 74	—Il faut que ce que le mandataire a déboursé, l'ait été *ex causá mandati*, développemens de ce principe.

Articles du Code civil.	Traités de Pothier.	Numéro ou Page du Traité.	Observations.
		n. 78	— Il faut que ce ne soit pas la faute du mandataire qui ait donné lieu aux déboursés qu'il a faits pour sa gestion.
		n. 79	
			— Voyez numéros 82, 83, 84, 85, l'action qui naît des obligations du mandant.
2000	Contr. de mandat.	n. 75	
		n. 76	
		n. 77	
2002	id.	n. 82	— Notre code n'admet point l'exception de division dont parle Pothier.
2003	id.	n. 100	
		n. 101	
		n. 103	— Voyez le n. 111, à l'égard de l'extinction du mandat par le changement d'état du mandant.
		n. 104	
		n. 105	
id.	De la propriété.	n. 221	
2004	Contr. de mandat.	n. 113	
		n. 118	— Révocation tacite.
		n. 119	
		n. 120	

Articles du Code civil.	Traités de Pothier.	Numéro ou Page du Traité.	Observations.
2005	Contr. de mandat.	n. 121 *in f.*	
2006	*id.*	n. 114	
		n. 115	
		n. 116	
		n. 117	
2007	*id.*	n. 44	
2008	Des obligations.	n. 80	
		n. 81	
id.	Contr. de mandat.	n. 106	
		n. 107	
		n. 108	
		n. 109	
		n. 121	
2010.	*id.*	n. 101	
		n. 102	
2012	Des obligations.	n. 367	— Voyez n. 366 la nature du cautionnement, et n. 368 la différence qui existe entre le fidéjusseur et celui que l'on appelle en droit *expromissor.*
		n. 377	
2013	*id.*	n. 369	— Exemples d'espèces où la caution seroit engagée sous

Articles du Code civil.	Traités de Pothier.	Numéro ou Page du Traité.	Observations.
		n. 371	des conditions plus oné-reuses.
		n. 372	
		n. 373	
		n. 374	
		n. 375	
		n. 376	
2014	Des obligations.	n. 394	— Voyez les numéros pré-cédens.
		n. 399	
		n. 404	
2015	id.	n. 402	— On remarquera que notre article veut que le caution-nement soit exprès.
2016	id.	n. 405	— Joignez à l'article 2016, la fin de l'article 2015.
		n. 406	
2018	id.	n. 388	— Le n. 390 offre des espè-ces importantes pour le dé-veloppement du principe.
		n. 391	
2019	id.	n. 391	
2020	id.	n. 392	
2021	id.	n. 408	
		n. 409	— Voyez surtout la fin de ce numéro pour l'interpréta-tion des mots de notre ar-ticle, *à moins que la cau-tion n'ait renoncé,* etc.

Articles du Code civil.	Traités de Pothier.	Numéro ou Page du Traité.	Observations.
2022	Des obligations.	n. 411	
2023	id.	n. 412	
		n. 413	
		n. 414	
2025	id.	n. 416	
		n. 535	
2026	id.	n. 416 *in f.*	—Voyez n. 419 et suivans, quels sont ceux entre qui la dette doit être divisée ?
		n. 417	—n. 425, si un cautionnement peut se diviser avec une caution qui n'a pas valablement contracté. —n. 426, quand cette exception peut être exposée ? — n. 427, quel est son effet.
id. alinéa 2		n. 421	
2028	id.	n. 430	—Voyez l'observation à l'article 2029, n. 428. —Voyez numéros 431, 432, 437, comment on doit interpréter ces mots de notre article : *la caution qui a payé.*
		n. 441 alinéa 2.	
		n. 442 alinéa 3.	

Articles du Code civil.	Traités de Pothier.	Numéro ou Page du Traité.	Observations.
2029	Des obligations.	n. 428	— Chez nous la subrogation est de droit, il n'est plus besoin de cession d'action.
2030	id.	n. 441	
2031	id.	n. 434	
		n. 435	— Voyez n. 436, le cas où l'exception à opposer seroit personnelle à la caution.
		n. 439	
2032	id.	n. 221	
		n. 442	
		n. 443	
2033	id.	n. 446 in princ.	
2034	id.	n. 378	
2035	id.	n. 384	
2036	id.	n. 381	— Développemens.
		n. 382	
2037	id.	n. 557	— Il faut observer que la cession d'action a été remplacée par la subrogation légale.
2040	id.	n. 387 in f.	

Articles du Code civil.	Traités de Pothier.	Numéro où Page du Traité.	Observations.
		n. 391 3°	
2041	Des obligations.	n. 393	
2042	id.	n. 409 in princ.	
2052	id.	n. 36	
2059	Contrat de constitution de rente.	n. 72	— Voyez numéros 73, 74, 75 des développemens sur cette espèce de stellionat.
2060 1° et 4°	Contrat de dépôt.	n. 97	
2062	Contr. de louage.		— Voyez n. 364 et suivans, si la contrainte par corps stipulée dans un bail existeroit toujours dans le cas de la tacite reconduction.
2071	Nantissement.	n. 1	— Voyez n. 4, ce qui est de l'essence du contrat de nantissement.
		n. 8	— De la tradition de la chose donnée en nantissement.
		n. 9	
		n. 10	— Il faut que la fin, pour laquelle la chose est donnée, soit pour que celui à qui elle est donnée la détienne comme sûreté de sa créance.

13 *

Articles du Code civil.	Traités de Pothier.	Traités de Pothier.	Observations.
		n. 11	
		n. 12	— Voyez n. 13 et suivans, à quelles classes de contrat appartient le contrat de nantissement.
		n. 54	— Des obligations que contracte par le contrat de nantissement celui qui donne la chose en nantissement, et de l'action *contraria pignoratitia* qui en naît. — Voyez numéros 55, 56, 57, 58 et 59, commentaire des derniers mots de l'article 2071.
2071	Hypothèques.	p. 121	
		p. 193	— Voyez page 194 quelles choses sont susceptibles de nantissement.
id.	Cout. d'Orléans, introduct. au titre XX.	n. 2	
2072	Nantissement.		— Voyez numéros 5, 6, 7, les choses qui peuvent être l'objet du contrat de nantissement. Lisez la note du n. 6.
id.	Hypothèques.	p. 201	
2073	Nantissement.	n. 26	— Voyez n. 21 les autres droits qu'acquiert le créancier dans les choses qui lui

Articles du Code civil.	Traités de Pothier.	Numéro ou Page du Traité.	Observations:
			sont données en nantissement, et pour constituer ces droits, voyez numéros 27 et 28.
id.	Hypothèques.	p. 195	
2075	Nantissement.	n. 6	— Voyez la note.
2076	*id.*	n. 8	
		n. 9	
		n. 10	
id.	Cout. d'Orléans, introduct. au titre XX.	n. 2	
2077	Nantissement.	n. 16	
2078	*id.*	n. 18	
		n. 24	
		n. 37	
		n. 41	
		n. 52	— Conséquence de l'article 2078.
id.	Hypothèques.	p. 196 *in princ.*	
2079	Nantissement.	n. 22	
2080	*id.*	n. 31	
		n. 32	
		n. 33	

Articles du Code civil.	Traités de Pothier.	Numéro ou Page du Traité.	Observations.
		n. 34	
		n. 60	
		n. 61	—Opinion de Pothier sur les dépenses utiles.
id.	Hypothèques.	p. 198	
		p. 199	
		p. 200	
2081	Nantissement.	n. 23	
		n. 35	
		n. 36	
id.	Hypothèques.	p. 198	
2082	Nantissement.	n. 29	
		n. 30	—Voyez numéros 38, 39, 40 l'action *pigneratitia directa.*
		n. 42	—Quand y a-t-il ouverture à l'action *pigneratitia directa.*
		n. 43	— Voyez numéros 46, 47, 48, 49 des développemens de notre article. — n. 50, différence entre le paiement et la satisfaction.
		n. 51	
id.	Hypothèques.	p. 198	
		p. 199	
2083	id.	p. 198	

Articles du Code civil.	Traités de Pothier.	Numéro ou Page du Traité.	Observations.
2085	Nantissement.	n. 20	
id.	Hypothèques.	p. 201	
2086	Nantissement.	n. 51	
id.	Hypothèques.	p. 203	
2102	Contr. de louage.	n. 252	—Du droit de préférence du locateur de maison ou de métairie.
		n. 253	—Il faut remarquer que le code alloue un privilége pour une année, à compter de l'expiration de l'année courante, tandis que Pothier n'alloue que trois termes et le terme courant.
		n. 257	—Du droit de suite qu'a le locateur à l'égard des meubles sujets à son hypothèque.
		n. 256	
		n. 258	
		n. 260	
		n. 269	
		n. 277	—Du droit du conducteur. Voyez n. 278, si le fermier a le droit de jouir de la partie, qui, pendant le cours du bail, est accrue par alluvion à l'héritage qu'il tient à ferme, sans augmentation de sa ferme. —n. 279, la limation au droit qu'a le conducteur de

Articles du Code civil	Traités de Pothier.	Numéro ou Page du Traité.	Observations.
			jouir de toute la chose louée.
id.	Cout. d'Orléans, introduct. au titre XIX.	n. 30 n. 31	— Dans notre droit c'est un privilége, il n'y a au surplus de différence que dans les mots.
		n. 33 n. 34 n. 36 n. 39 n. 46 n. 47 n. 48 n. 49	— Voyez le n. 32 et les suivans pour l'interprétation du privilége.
2103	Hypothèques.	p. 123	— Distinction entre l'hypothèque privilégiée et l'hypothèque simple.
id. alinéa 3	Successions.	p. 593	
id.	Cout. d'Orléans, introduct. au titre XVII.	n. 106	
2114	Hypothèques.	p. 121 p. 133 in princ. p. 138.	

Articles du Code civil.	Traités de Pothier.	Numéro ou Page du Traité.	Observations.
		p. 139 in f.	
		p. 140	
		p. 141	
id.	Cout. d'Orléans, introduct. au titre XX.	n. 2 in f.	
		n. 28	
id. alinéa 3	id.		— Voyez n. 30, l'action que donne au créancier son droit d'hypothèque.
2117	Hypothèques.	p. 122	—L'article 2129 du Code civil a apporté un changement à l'ancien droit.
		p. 123	
		p 124	— Voyez article 2129 du Code civil.
id.	Cout. d'Orléans introduct. au titre XX.	n. 3	—D'après notre code l'hypothèque conventionnelle ne résulte pas seulement d'un acte notarié, il faut qu'elle soit stipulée. — La publicité et la spécialité qui n'étoit pas alors de l'essence de l'hypothèque, ont apporté beaucoup d'autres différences.
2118	Hypothèques.	p. 132	
		p. 133	— Nous n'établissons de concordance que pour ce qui concerne le droit d'usufruit.

Articles du Code civil.	Traités de Pothier.	Numéro ou Page du Traité.	Observations.
id.	Cout. d'Orléans, introduct. au titre XX.	n. 21	
2119	Hypothèques.	p. 133 *in princ.*	— Motifs de l'article.
2121	*id.*	p. 122 *in f.*	— Pothier confond ici l'hypothèque légale et l'hypothèque judiciaire, le code a apporté une distinction, article 2116.
		p. 130	
id.	Des personnes et des choses	p. 455	
id.	Cout. d'Orléans, introduct. au titre XX.	n. 18	
2123	Hypothèques.	p. 127	— Sous l'empire du code la simple reconnoissance faite devant notaires ne suffiroit pas pour produire hypothèque. Voyez article 2127, 2129 du Code civil.
		p. 128	— De l'hypothèque des jugemens; il faut remarquer les changemens survenus dans l'organisation judiciaire.
id.	Cout. d'Orléans, introduct. au titre XX.	n. 14	

Articles du Code civil.	Traités de Pothier.	Numéro où Page du Traité.	Observations.
2124	Hypothèques.	p. 134	
		p. 135 *in f.*	—Il faut remarquer que toutes les personnes indiquées doivent recevoir l'autorisation, soit du conseil de famille, soit des autorités compétentes.
id.	Cout. d'Orléans, introduct. au titre XX.	n. 22	
2125	Hypothèques.	p. 134 *in princ.*	
		p. 182	
id.	Cout. d'Orléans, introduct. au titre XX.	n. 57	
2127	Hypothèques.	p. 127	
2128	*id.*	p. 124	
2132	*id.*		—Voyez page 140, le cas où la dette est suspendue par une condition qui vient à défaillir.
2135 2°	Cout. d'Orléans, introduct. au titre X.	n. 141	—Fondement de l'hypothèque accordée à la femme.
2167	Hypothèques.		—Voyez page 150 l'exception que les tiers détenteur

Articles du Code civil.	Traités de Pothier.	Numéro ou Page du Traité.	Observations.
			de l'immeuble hypothéqué peut opposer à l'action du créancier.
id.	Cout. d'Orléans, introduct. au titre XX.	n. 33	
2168	Hypothèques.	p. 142	
id.	Cout. d'Orléans, introduct. au titre XX.	n. 30	
		n. 45	
		n. 46	
2170	Hypothèques.	p. 144	— D'après le code le créancier n'est obligé de discuter que les immeubles hypothéqués à la même dette.
		p. 145	
		p. 147	
		p. 148	
id.	Cout. d'Orléans, introduct. au titre XX.	n. 34	— Voyez numéros suivans, des développemens sur l'exception de discussion que peut opposer le tiers détenteur aux créanciers hypothécaires.
		n. 35	— La discussion ne pourroit frapper chez nous que sur d'autres immeubles hypothéqués à la même dette et possédés par le débiteur principal.

Articles du Code civil.	Traités de Pothier.	Numéro ou Page du Traité.	Observations.
2171	Cout. d'Orléans, introduct. au titre XX.	n. 34 *in f.*	
2173	*id.*	n. 5 1	
2174	Hypothèques.	p. 1 59 *in f.*	
id.	Cout. d'Orléans, introduct. au titre XX.	n. 5o	
2175	Hypothèques.	p. 1 49	
2176	Cout. d'Orléans, introduct. au titre XX.	n. 48	
2180	Hypothèques.	p. 1 77	—Des différentes manières dont s'éteint l'hypothèque.
		p. 1 78	—De l'extinction de la chose hypothéquée.
		p. 1 79	
		p. 18o	—Du cas auquel le créancier hypothécaire acquiert la propriété de la chose hypothéquée, et de la confusion.
		p. 181	
		p. 182	—De l'extinction de l'hypothèque, par la résolution et extinction du droit du propriétaire qui l'a constituée.

Articles du Code civil.	Traités de Pothier.	Numéro ou Page du Traité.	Observations.
		p. 183	—De l'extinction de l'hypothèque, par l'extinction de la dette pour laquelle elle a été constituée.
		p. 184	
		p. 185	
		p. 186	—De l'extinction de l'hypothèque, par la remise expresse ou tacite que fait le créancier de son droit d'hypothèque.
		p. 187	
		p. 188	
		p. 189	
		p. 190	
		p. 191	—De la prescription de l'hypothèque, et de quelques autres manières introduites par les lois, pour purger les hypothèques.
		p. 192	
id. 1°	Cout. d'Orléans, introduct. au titre XX.	n. 60	
id. 2°	id.	n. 61	
2204	Hypothèques.	p. 141	
2208	id.	p. 144 in princ.	
2213	id.	p. 141	
2219	Des obligations.	n. 688	
2220	id.	n. 700	

Articles du Code civil.	Traités de Pothier.	Numéro ou Page du Traité.	Observations.
id.	Constitution de rente.	n. 146	
2226	De la prescription.		— Voyez n. 7 les choses qui ne sont pas susceptibles de la prescription de 10 et 20 ans.
2228	De la possession.	n. 1	— Définition et nature de la possession.
		n. 2	
		n. 3	
		n. 4	
		n. 5	— Voyez n. 6 et suivans, deux principales espèces de possessions ; la possession civile et la possession purement naturelle. — n. 37 et 38, la possession et la quasi-possession. — numéros 39, 40, 41, comment s'acquiert la possession. — n. 44 et suivans, les personnes qui sont capables ou incapables d'acquérir la possession d'une chose. — n. 49 et suivans, par qui nous pouvons acquérir la possession d'une chose. — n. 54, Comment se retient et se conserve la possession. — n. 55, en quoi diffèrent l'acquisition et la conservation de la possession.
		n. 58	
		n. 59	

Articles du Code civil.	Traités de Pothier.	Numéro ou Page du Traité.	Observations.
		n. 61	— Développemens de la fin de l'article 2228. — n. 63 et suivans, comment se perd la possession.
Id.	Cout. d'Orléans, introduct. au titre XXII.	n. 1	— Voyez n. 2 et suivans les différentes espèces de possession. — n. 6 et suivans, les vices qui peuvent se rencontrer dans la possession. — n. 17 et suivans, les différentes manières d'acquérir la possesion. — n. 27 et suivans, comment la possession se conserve ; n. 30 et suivans, comment elle se perd.
2229	De la possession.	n. 27	
		n. 28	
Id.	De la prescription.	n. 18	
		n. 19	
		n. 26	— Des qualités que doit avoir la possession pour opérer la prescription. — Il faut remarquer que la bonne foi et le juste titre ne sont exigés dans notre droit que pour la prescription de 10 et 20 ans ; voyez l'article 2265 du code civil.
		n. 37	
		n. 38	

Articles du Code civil.	Traités de Pothier.	Numéro ou Page du Traité.	Observations.
		n. 174	
		n. 175	
id.	Cout. d'Orléans, introduct. au titre XIV.	n. 16	
		n. 22	—Les n. 22 et suivans donnent des développemens sur ce que l'on doit entendre par possession interrompue.
2230	*id.*	n. 17	
2233	De la possession.	n. 19	— Ce qu'on doit entendre par possession violente.
		n. 20	
		n. 21	
		n. 22	
		n. 23	
		n. 24	
		n. 25	
		n. 26	
2235	*id.*	n. 34	
id.	De la prescription.	n. 112	— De l'union de la possession du successeur avec celle de son auteur.
		n. 113 *in princ.*	— Il faut entendre ce paragraphe pour le cas seulement où il s'agit de la prescription de 10 et 20 ans, seule prescription qui dans notre droit exige la bonne foi.

Articles du Code civil.	Traités de Pothier.	Numéro ou Page du Traité.	Observations.
		n. 115	
		n. 116	— Développement du principe.
		n. 119	— Des successeurs à titre singulier.
			— Ce numéro ne s'applique également qu'à la prescription de 10 et 20 ans.
		n. 171	— Nous n'admettons pas dans notre droit les distinctions que fait Pothier sur la bonne foi.
id.	Cout. d'Orléans, introd. au titre XIV.	n. 28	
		n. 29	— Il faut remarquer que le code ne fait point la distinction que Pothier a puisée dans le Droit romain.
2236	Du prêt à usage.	n. 47	
id.	Contrat de dépot.	n. 68	
id.	Nantissement.	n. 53	
id.	De la possession.		— Voyez n. 15, pourquoi les individus dont parle notre article ne peuvent prescrire.
		n. 60	
id.	Cout. d'Orléans, introd. au titre XIV	n. 18	

Articles du Code civil.	Traités de Pothier.	Numéro ou Page du Traité.	Observations.
2237	Contrat de dépot.	n. 68	
id.	De la possession.	n. 33	
		n. 62	
id.	De la prescription.	n. 171	
		n. 172 in f.	
2238	De la possession.	n. 35	
		n. 36	
id.	Cout. d'Orléans, introd. au titre XXII.	n. 14	
2240	De la possession.	n. 31	
		n. 32	
		n. 33	— Non seulement on ne peut se changer à soi même la cause et le titre de sa possession mais encore on ne peut pas en changer les qualités et les vices.
id.	De la prescription.	n. 172 alinéa 2.	
id.	Cout. d'Orléans, introduct. au titre XXII.	n. 10	
2243	De la possession.	n. 73	— Des différentes manières dont nous perdons malgré
		n. 74	

Articles du Code civil.	Traités de Pothier.	Numéro ou Page du Traité.	Observations.
			nous la possession d'un héritage.
		n. 75	
		n. 76	
		n. 77	
		n.ᵉ 78	
			— Voyez n. 84 les moyens qu'à le possesseur pour empêcher l'effet de l'interruption relativement à sa possession.
			— Voyez n. 85 et suivans toutes les règles de la complainte.
			— n. 106 et suivans, ce qui concerne la réintégrande.
2243	De la prescription.	n. 39	— Voyez n. 40., extension de l'article 2243.
			— n. 41 et suivans, opinion de Pothier sur diverses questions d'interruption naturelle.
id.	Cout. d'Orléans, introduct. au titre XIV.	n. 23	— Pothier ne parlant ici que du possesseur spolié qui a été rétabli dans l'année, l'on doit en inférer qu'il auroit eu une opinion contraire, si le possesseur spolié avoit été un an sans être rétabli dans sa possession.
2244	Des obligations.	n. 695	
		n. 697	

Articles du Cod ccivil.	Traités de Pothier.	Numéro ou Page du Traité.	Observations.
id.	Constitution de rente.	n. 141	
		n. 142	
id.	De la prescription.	n. 48	
		n. 50	
		n. 52	
		n. 152	
		n. 153	
		n. 154	
		n. 156	
		n. 157	
id.	Cout. d'Orléans, introduct. au titre XIV.	n. 26	
2246	De la prescription.	n. 51	
2247	*id.*	n. 53	
		n. 153	—Voyez à l'égard de la bonne foi, l'article 2259 du Code civil.
		n. 158	
id.	Cout. d'Orléans, introduct. au titre XIV.	n. 26	
2248	Des obligations.	n. 693	
id.	Constitution de rente.	n. 143	
		n. 144	

Articles du Code civil.	Traités de Pothier.	Numéro ou Page du Traité.	Observations.
		n. 145	
id.	Cout. d'Orléans, introduct. au titre XIV.	n. 45	— Ce numéro et les suivans explique quel sens on devra donner à ces mots de notre article : *la prescription est interrompue par la reconnoissance*, etc. Le n. 53 indique comment se couvre la prescription.
2249	Des obligations.	n. 698	
id.	Cout. d'Orléans, introduct. au titre XIV.	n. 51	
id. alinéa 2 *inf.*	De la prescription.	n. 148	
2250	Des obligations.	n. 699	— Voyez numéros 693-694-695-696, ce qui constitue roit une reconnoissance de la dette.
2252	id.	n. 682	— A l'égard des insensés on en faisoit une question qui se trouve irrévocablement résolue par notre code. Voyez n. 683.
id.	De la prescription.	n. 8	
		n. 9	
		n. 10	
		n. 22	
		n. 163	

Articles du Code civil.	Traités de Pothier.	Numéro ou Page du Traité.	Observations
id.	Cout. d'Orléans, introduct. au titre XIV.	n. 40	
2253	*id.*	n. 39	
2255	De la prescription.	n. 11	
2256	Des obligations.	n. 681	
id.	De la puissance du mari.	n. 79	
id. alinéa 2	De la prescription.	n. 25 n. 144	
2257	Des obligations.	n. 680	
2258	*id.*	n. 681 n. 685	
id.	Cout. d'Orléans, introduct. au titre XIV.	n. 38	
2259	Des obligations.	n. 685	
2262	*id.*	n. 678	— Voyez n. 679, sur quelle raison la prescription est fondée.
id.	De la prescription.	n. 162 n. 169	— Voyez n. 163, les choses qui sont susceptibles de cette prescription.

Articles du Code civil.	Traités de Pothier.	Numéro ou Page du Traité.	Observations.
		n. 172	—Des qualités que doit avoir la possession pour la prescription de trente ans. —n. 176 qui doit prouver la possession trentenaire et comment elle se prouve.
		n. 177	
		n. 178	—Voyez n. 179, l'effet de la prescription de 30 ans.
		n. 180	
		n. 181	
id.	Cout. d'Orléans, introduct. au titre XIV.	n. 32	—Voyez n. 37, de quelle époque commence à courir la prescription à l'effet de se libérer.
2265	De la propriété.	n. 244	
id.	De la prescription.	n. 16	—On ne peut prescrire les choses incorporelles par 10 et 20 ans.
		n. 17	
		n. 27	—La possession doit être une possession civile et de bonne foi.
		n. 28	
		n. 29	
		n. 30	
		n. 31	
		n. 32	
		n. 33	
		n. 34	

Articles du Code civil.	Traités de Pothier.	Numéro ou Page du Traité.	Observations.
		n. 35	
		n. 36	
		n. 37	—Ce que dit Pothier, pour toutes prescriptions s'applique dans notre droit seulement à la prescription à l'effet d'acquérir par 10 et 20 ans, c'est donc à cette sorte de prescription que nous rapportons les numéros suivans.
		n. 38	—Voyez n. 59 et suivans, les différentes espèces de juste titre.
			—n. 59, du titre *pro emptore.*
			—n. 62 du titre *pro herede.*
			—n. 67 du titre *pro legato.*
			—n. 76 et suivans du titre *pro suo.*
			—Voyez n. 84, les choses requises à l'égard du titre pour la prescription.
			—n. 85, 86, il faut que le titre soit un titre valable.
			—n. 90, 91, 92 ; il faut que le titre ne soit pas suspendu par quelques conditions.
			—Voyez n. 95 et 96, si l'opinion d'un juste titre qui n'a point existé peut donner lieu à la prescription.
			—numéros 98, 99, 100, 101, 103, comment le possesseur doit justifier du titre d'où procède sa possession.

Articles du Code civil.	Traités de Pothier.	Numéro ou Page du Traité.	Observations
2265	De la prescription.	n. 107	—La loi a entendu parler du domicile de fait et de résidence.
		n. 108	
		n. 109	
		n. 111	
2266	*id.*	n. 110	
2267	*id.*	n. 88	
2268	De la propriété.	n. 244	
id.	De la possession.	n. 18	
id.	De la prescriqtion.	n. 36	
2271	Des obligation	n. 724	—On remarquera une différence relativement au temps de la prescription.
2272	*id.*	n. 710	
		n. 713	—Voyez n. 716 de quelle époque court la prescription pour les salaires dus au médecin.
2273	*id.*	n. 725	—Relativement aux affaires non terminées le code admet cinq ans au lieu de six.
2274	*id.*	n. 711	
		n. 712	
		n. 715	

Articles du Code civil.	Traités de Pothier.	Numéro ou Page du Traité.	Observations.
2275	Des obligations.	n. 719	
		n. 721	
		n. 722	
2276	id.	n. 727	
2277	Constitution de rente.	n. 133	
		n. 134	
		n. 135	
		n. 136	
		n. 137	
		n. 138	
id.	Contrat de louage.	n. 186	
2278	Des obligations.	n. 718	
id.	Constitution de rente.	n. 139	— Voyez n. 140, le cas où le mineur n'auroit pas de recours, soit par l'insolvavilité de son tuteur, soit parce qu'il en étoit destitué.

FIN DE LA TABLE DE CONCORDANCE.

pourvoi au ministre ; j'ai pu, à la vérité, négliger la première fois tous ces détails pour ne pas fatiguer votre attention. Il devint nécessaire de vous les donner aujourd'hui tout entiers.

Messieurs les nobles Pairs, Ferrand et de Polignac, ont demandé où était la *preuve* de ce pourvoi.

Hé, nobles Pairs! quelle preuve un pétitionnaire peut-il donner d'un pourvoi au ministre, si ce n'est le reçu du suisse de son hôtel ?

Ce reçu, je l'avais, j'ai cru inutile de citer une aussi petite circonstance dans mon mémoire.

Le comité cantonnal de Boulogne a cru devoir baser sa demande sur une allégation de troubles et de désordres qui, selon lui, aurait rendu l'intervention de la police nécessaire, et la police si nécessaire, au milieu de ces troubles, de ces discordes, n'a constaté que le cri injurieux d'un enfant vagabond.

J'oppose aujourd'hui, nobles Pairs, à cette allégation du comité cantonnal, non plus le témoignage proclamé à Boulogne devant nos membres, par l'inspecteur de l'Académie de Douay, puisqu'il paraît nous avoir parlé fort clairement dans un sens, et avoir écrit au recteur ou au grand-maître dans un autre ; mais le témoignage ir-